哈佛醫師的復原力練習書

運用**正念冥想**走出壓力、挫折及創傷，穩定情緒的實用指南

蓋兒．蓋茲勒 著
Gail Gazelle

有隻兔子 繪　王念慈 譯

Everyday Resilience

獻給我的兒子，

他讓我看見愛、光明和良善。

獻給生命的美好，

它們帶來的復原力讓我得以走出傷痛，

朝圓滿的人生邁進。

目次

第六章

正向樂觀的心態和思維

第七章

好好照顧自己

第八章 如何讓復原力在日常中不斷壯大？

推薦序1

最實用有效的復原力提升法

台灣正念工坊執行長　陳德中

在拙作《正念領導力》中我曾提到，職棒球星鈴木一朗保有美國大聯盟單季安打數最高紀錄二六二支，以及連續十個球季皆能擊出兩百支以上安打的金氏世界紀錄。像他這樣偉大的球員，大聯盟生涯的平均打擊率是○．三一一，但若用另一個角度來看，他每揮棒十次，只有約三次會成功，亦即有將近七次是以失敗收場。假如鈴木一朗因每次的失誤而消沉、每次的不完美而沮喪、每次的三振而被擊垮，那他就不會是成功的世界紀錄保持人。

挫折與逆境其實是所有人類都會有的共同經驗，只是有的人從此消沉，一蹶不振，有的人則愈挫愈勇更創佳績，因此重點不在於是否遭逢逆境，而在這個人是否擁有一種能力：復原力（resilience）。

復原力簡單說是一種「遭受困境或改變時，可復原或輕易調整的能力」，在本書則定義爲「內在力量的泉源，能讓你安然度過困難和挑戰，使身、心、靈不必承受非必要的折磨」。我個人認爲復原力是每個人都極需的重要能力，因爲人的一生勢必不可能「每天過年」。當然，就跟所有的能力及個性一樣，它受到先天遺傳及童年背景影響，但幸運的是，它可以透過後天的訓練而增強，即使原先較不足的成年人，仍可透過系統的練習而得到良好的復原力。

那具體要怎麼做呢？答案就在本書中。

市面上談復原力的書籍不在少數，而個人最喜歡的就是這一本了，因我發現它非常實用、有效，涵蓋也夠全面。它不會只高談理論，雖還是有不少科學根據，作者也有深厚的醫學背景，但最最重要的是，它有大量的「實際案例」以及「具體練習」，清楚列點且有條理，讓讀者們易於貫徹於生活之中。

我個人之所以受邀爲此書寫推薦序，是因書中非常強調「正念」對培育復原力的重要性，而這剛好是我十分熟悉的領域，也在此感謝永芬主編的邀請。我個人在閱後發現，作者對正念（mindfulness）的理解相當精確，舉的例子都很傳神，並且在正念冥想的篇章上給了讀者相當好的練習指引，可看出作者除了行醫與教學的專長外，也在正念鍛鍊中有頗深厚的功底。

在此鄭重推薦此書，既然復原力是人人必備，就讓我們跟著書中內容一起來好好練習吧！

推薦序2

擁有復原力，即使身處困境也能找到出口

身心靈暢銷書作者、心能量管理中心執行長　許瑞云

生命有無限可能，只要擁有絕佳的復原力（或稱回彈力），即使身處再艱難的困境，也可以找到出口；任憑墜入再深的山谷，也有機會再度登上頂峰。《哈佛醫師的復原力練習書》一書就是要告訴我們，如何能擁有絕佳的復原力。

人的一生不可能沒有任何困難或挑戰，作者在書中分享如何尋找並創造我們的復原力：從如何建立人際連結、提升心靈的彈性、如何擬定目標、如何達成目標、如何培養調節情緒的能力、積極正向的態度、好好照顧自己的方式，以及如何讓復原力在日常中不斷壯大等八個章節，說明介紹當我們擁有良好的復原力時，無論生活丟出什麼難題，我們都能抱持信心，相信自己能夠安然地

度過生命中的每一天、每一月、每一年。

作者提醒大家在日復一日的滿檔行程中，記得爲自己安排適度的空檔，刻意放下手中的工作，緩緩地深呼吸幾次，使我們的身、心得以暫時跳脫當下的思考和行爲模式，好好檢視自己的狀態，避免一直處在自動導航模式中，不加思索的依照慣性，執行眼前的所有任務。

不妨每天都安排一點時間和空間給自己，讓心有機會靜下來，才能更有條理、更冷靜的去反思現況。「暫緩腳步」可以幫助我們重整思緒，避免因急躁而做出錯誤決定，人際上也才不會有過於激烈的反應，任由自己被情緒牽著走。就像一行禪師倡議的，我們最好每十分鐘就練習放下手邊的工作，提醒自己回到正念，一行禪師和本書作者所推廣的理念，兩者之間有著異曲同工之妙。

本書內容既豐富且實用，條理分明又簡單扼要，一步一步教我們提升復原力，藉以讓人的身心更加安穩健康，也有助於設立生命目標，進而達成目標，是一本值得細細閱讀的好書。

前言

每個人都有復原力

想像一下，此刻你是個擁有絕佳復原力（或稱回彈力、恢復力），能夠從容應對日常中任何挑戰的人。不論生活丟了什麼難題給你，你總是確信自己能安然地度過每一週、每一月和每一年。現在你不妨再想像，此刻你的處境發生了什麼變化；它發生的變化就是你擁有冷靜沉著、圓融應對一切挑戰的能力。想想擁有這種能力的感覺有多棒，你一定很希望自己在現實人生中也具備這樣的力量。

我想告訴你的是，在現實人生中，你絕對可以擁有這樣的能力。

不管你幾歲，或是有著什麼樣的人生經歷，這一路上多多少少都會碰到一些挑戰和困難。工作不穩定、生病、意外、失去重要的關係，甚至是全球性流行的疫情——這些都是人生道路上會遇到的部分難題。而且，你有沒有覺得，這些事似乎常會接二連三發生，讓你有種好不容易挺過挑戰、穩步前行，但立刻又得面對另一個挑戰的感覺？沒錯，人生本來就是如此。

有時候，你或許會好奇，面對困難自己會怎樣處理？還有當處境變得險惡時，你是否具備不可或缺的復原力？復原力確實賦予我們許多內在力量，包括勇氣、韌性、智慧，而這些力量都是應對困難的必備元素。除此之外，**復原力還可以讓我們明白一件事，那就是日子好不好過，其實跟經歷了哪些挑戰沒什麼關係，而是跟我們面對那些挑戰的態度比較有關係。**

雖然我們經常認爲，復原力是一種不凡的特質，但事實上，每個人的內心深處早就內建了這份力量。只不過，大部分的人都不曉得該如何取用自己的復原力，因爲我們從來不知道，原來體內都有著這麼一份深厚又不可撼動的內在核心力量。

多數人在重新找到深埋內心的復原力之前，都要走過一段極需縝密思慮和堅定意志的發掘之路，而那段路就是這本書要帶你走過的。

橫度人生苦難的工具，還有你所需要的內在核心力量，早就深藏在體內，等著你調度使用。當代神經科學已針對這方面做了許多研究，能告訴我們如何利用這份核心力量和強化那些工具。我們會在本書探討這些至今仍不斷推進的發現，以加深你對這份人人與生俱來的復原力，有更多的了解。

到目前爲止，我已經在工作上協助過成千上萬人走過人生的各種難關。在當安寧照護醫師時，我花了很多心力幫助病人面對人生的最後一段路。我看過許多人在生命的最後，被心理的惶恐折磨得六神無主；也看過許多人活用內在力量，井然有序地安排自己的後事，向他們生命中最重要的人好好道別，並將人生的最後時光用在珍視的人、事、物上。

不過，就在我致力照顧臨終病人的那十五年間，醫師在臨床上的行醫模式也出現了重大轉變。隨著醫療紀錄的電子化，醫院對產能和營收也越來越講究，而這些轉變不只讓醫師覺得自己在做的事越來越疏離他們的使命，繁雜的行政作業手續也瓜分了他們照護病人的精力，使他們覺得分身乏術。我想要幫助他們，所以我決定成爲所謂的「醫師執行教練」（executive physician coach），指導他們應對這些狀況的方法。接下來的十年間，我有幸指導了超過五百位來自北美的醫師同仁。在這個過程中，我不但親眼見證了這些優秀的醫師，在這股內在核心力量的支持下，克服了他們人生路途上的困難；同時也不斷精進了我個人的正念練習技巧，讓自己成爲一名合格的正念冥想引導師。

不再逆來順受，而是正面迎擊

我自己本身也有構築復原力的經驗。我生長在一個中產家庭，父母都受過良好教育。他們沒有酗酒也沒有嗑藥，而且就我們家對外呈現的整體形象來說，大家都會說我們是一個幸福、健全的家庭。然而，這個家呈現的表象與屋內發生的實況相差甚遠。我父母在他們各自的人生中，都曾受過難以抹滅的嚴重傷害，而這也導致我受到了不少虐待。我透過專心念書、朋友相伴，還有躲進有著各種好事和美好結局的書籍中，以應付家庭加諸在我身上的壓力。後來我發現，自己透過這些舉動，找到了伴我度過艱辛童年的復原力；雖然這個過程有點漫長，我花了不少力氣及內在的核心力量，才順利消化這段經歷，然後恢復活力、邁步向前。對當時的我來說，這些大量的自我發掘過程都是必要之舉，因爲唯有如此，我才有機會重新看見自己的長處和優點。

人人都有復原力，人人也都需要它。社群媒體總是會讓我們覺得身邊的每個人都完美無缺，他們的生活沒有挑戰、沒有危機，而且擁有伴侶和家人的全力支持。我們不禁會想：「爲什麼是我？爲什麼我的人生會有這些其他人沒有的困難？」但是，我們永遠不會知道，其他人在現實生活中到底經歷了些什麼。事實上，我們所有人都有各自的挑戰，也都有各自的艱辛。我們都需要復原力。

我把這本書定位成一本實用又激勵人心的心靈小品，它能夠幫助你與體內的復原力接上線，並滋養和壯大這份力量，讓你更熟練地運用它。在每一個章節，你都會讀到一些眞人眞事，並了解他們的奮鬥、成長和成功。然後，你會學到實用、好上手的策略，透過它們助你取得應對大、小挑戰的復原力。

你會在書中不斷看到一些重要的主題。第一個是「正念」的重要性，所謂的「正念」，就是感知我們此時此刻發生了什麼事的能力。正念是一種非常有用的方法，它能使我們看見自己在整個事件中經歷的現實和眞相，如此一來，我們就能以更加清晰的思路，決定下一步該怎麼做。其次，我們會探索一個事實，即「我們在意的事多半都會成眞」。好比說，如果我們一直聚焦在事情的光明面及自身的優點上，在生活中就比較有機會看到這些正面的元素。除此之外，科學研究也發現，人類的大腦具有高度的可塑性。

現代神經科學指出，我們活著的每分每秒，大腦都在不停重組和發展新的聯結。我們常聽到人心善變這種話，但對培養復原力來說，這是一個好消息，因爲許多能助你壯大復原力的實證應用（evidence-based practice），都是從這句話的概念發展出來。

最後，永遠要記住，在人生的道路上，我們會碰上許多抉擇點。有時候，我們面對的挑戰和困境確實會超出掌控，但復原力主要是幫助自己在「可掌控」的範圍內，做出選擇。**復原力不是要你對人生的苦難逆來順受，而是要對自己可做出的努力主動出擊**。等我們一一探討過培養復原力的六大要素，包括聯結、彈性、毅力、自我調節、正向和自我照護後，你在面對人生中的諸多抉擇時，就會明白自己能做出怎樣的決定。

我希望這本書能提供你有用的資訊和實用的策略。閱讀這本書能啟發你與生俱來的能力：不論在人生道路上碰到了什麼困難，這份能力都能讓你盡情去享受生命的每一片風景。

當生活不如預期，像是生病、失去工作……，
該如何面對，才能臨危不亂，挺過挑戰？

只要重新找回深埋體內的復原力，
你將不再只是逆來順受，而是主動出擊。

孤獨並不能解決問題……

就如同植物需要陽光和水，人類也少不了愛和聯結！

擁有能暢所欲言的朋友、手足或家人，

是壯大復原力不可或缺的力量。

第一章

找出深埋體內的復原力

你大概會覺得復原力是一種超能力——這種力量是英雄和女豪傑的專屬配備，跟我們這些凡夫俗子完全沾不上邊。但事實上：「人人都有復原力，這是每個人與生俱來的力量。」

不過許多人的復原力一直處在休眠狀態，因爲我們從未學過汲取這股內在力量的方法，所以也無從強化或培養這份能力。可是改變這件事永遠不嫌晚，每一個人都可以用各種方法去壯大復原力。在本章中，我們就會爲這段歷程拉開序幕。你會清楚地了解內心深處的復原力，並明白自己有辦法藉由重整大腦的迴路，培養、壯大這股力量。

什麼是「復原力」？

「復原力」對你的意義是什麼？說到復原力，你或許會想到橡皮筋，想到它被拉長後，又恢復成原貌。又或者，你會想到柳樹之類的東西，想到它的枝條隨著狂風彎曲擺盪，卻沒有斷裂。那些都是與復原力有關的畫面，但對我而言，復原力不只是能屈能伸的能力。在我看來，復原力是我們體內一股源源不絕的力量，是在面對挑戰時可以汲取的能量。

我對復原力的定義是：「**復原力是內在力量的泉源，能讓你安然度過困難和挑戰，使身、心、靈不必承受非必要的折磨。**」

你體內蘊含的復原力

復原力不只能讓你從挫折中振作，它還是人體內建的一份力量、資源、智慧和養分。我們的復原力蘊含強化心智所需的一切，所以人才能順利橫度生命中的每道關卡。它總是伴我們左右，幫助我們走出不知所措的迷霧，認清自己有能力化解這些困難。挑戰永遠不會間斷，它們是人生無可避免的一部分。然而，假如你知道怎樣提取自己的復原力，你就擁有面對這些挑戰需要的利器，不用擔心自己會被打倒。不論你碰到哪一種逆境，復原力都會幫助你克服一路上的阻礙。

此刻你可以想像看看，正在閱讀這些文字的你，就宛如站在一口井的前方。這口井盈滿了涼爽、清澈、波光粼粼的活水，而這些活水持續滋養和幫助所有的萬物生長。

再想像一下，飲用這口井的水會有怎樣的感受。你會有種全身放鬆、心神平靜的感覺嗎？你將在本書中學到從這口井汲水的方法，讓它與你一起面對人生的各種困境。

讓我們來看看下頁這兩位當事人的故事，他們在面對挑戰時，都取用了自己的復原力。（爲保護當事人的隱私，本書的所有姓名都是化名。）

珍妮佛，四十四歲，是兩個孩子的媽，也是國小一年級的老師。這一年是她人生中的一大轉折點，因為她被診斷為多發性硬化症的患者。在此之前她非常熱愛跑步，但隨著病情的發展，她連走路都必須拄著兩根拐杖，而且誰也說不準，未來她會因為這個病變成怎樣。珍妮佛對這樣的茫然和不確定性有些不知所措，她曾考慮放棄教學工作，但她明白那些學生為她的人生帶來了多大的歡樂和意義。她發現不論生活從她身上奪走了什麼，在教室裡的時光總是給了她繼續向前的力量。因此即便她生命中仍會面對很多挑戰，這份信念都支持著她繼續面對每一道關卡。

傑佛里，二十七歲，是一位工程師，從十幾歲開始就不時受焦慮所苦。他的心思常常都會被憂慮籠罩，擔心其他人對他的話語或舉止有不好的解讀。他經常在夜裡驚醒，反覆思索他認為自己先前說過的，那些不太得體的應答。他的指甲已被他咬到露出指甲下的嫩肉，他還懷疑自己是不是有潰瘍的問題。直到他交往多年的女友告訴他，她找到了可以幫助他的人，他才開始接受治療。

除此之外，他還參加了正念課程，然後發現透過專注當下和探討自己的想法，能有效減輕他焦慮和悲傷的感覺。沒多久，他就發現冥想和瑜伽可以補足他內心失衡的狀態，讓他平穩度過生活中的黑暗期。

爲什麼有的人能在逆境中壯大，有的人卻出現創傷後壓力症候群，或憂鬱症之類的壓力相關病症？爲什麼有的人會變得悲觀、沮喪、憤世嫉俗，但有的人卻能以更樂觀、進取的態度勇往直前？爲什麼有的人看起來每天都能在一波又一波的挑戰中乘風破浪，但有的人卻會無所適從？雖然當代科學提供了一些答案，但這背後仍留下了許多待解的謎團。我們知道生理、心理、社會、精神、家庭和基因等因素之間的複雜交互作用，皆會影響我們對壓力的反應。我們也知道每一個人在這些因素上的立足點都不太一樣，而它們對我們的影響力更是超乎想像地巨大。

找到這股內在力量

從安寧病人、創傷後倖存者到醫師，我協助過成千上萬的人，在他們身上我明白了復原力是人人都有的基本特質，完全不受個人生理和環境因素的影響。然而儘管每個人都有與生俱來的復原力，但當這份內在力量被困境耗損時，卻非每個人都知道該如何補給它。有些人甚至根本不曉得自己在面對低潮和挑戰時，能靠著壯大這股「愛自己」（self-love）的內在核心力量，去緩衝這些困境對自身的衝擊。我們沒有意識到，自己在生活經驗中累積的智慧，可以讓我們做一個有彈性的人；我們也沒有意識到，有了這份彈性就可以做自己人生的編劇，無論遭逢怎樣的情境，都可以爲它寫下全然不同的結局。

不過，只要你願意，任何人都學得會這些事情。這本書會提供了解和壯大復原力的工具，從本章開始，我們會先聚焦在蓬勃發展的神經科學，看看我們的大腦能怎樣藉由訓練，對壓力和逆境做出更正面的反應。接著，我們會在各章中檢視構成復原力的幾個重要元素，及逐一強化它們的方法，包括：

第二章 你會領悟到社會聯結和團體能怎樣強化復原力，並學到建立牢固和永續人際關係的方法。

第三章 探討打造心靈彈性的實用技巧，如此一來，你就能以全新的視野去應對挑戰和變幻無常的事物。

第四章 你會好好認識「毅力」這件事，並知曉行動力能怎樣幫助你挺過人生的考驗。

第五章 將告訴你該如何自我調節這些隨生活波濤洶湧的情緒，因爲負面感受會讓人難以好好運用自己的復原力。

第六章 我們會深入探討正面的情緒，並細細了解它對成長、健康和創造力的刺激。

第七章 「好好照顧自己」就是這一章的重點。

第八章　我們會回顧這本書教你的所有內容，然後擬定計畫，讓你的復原力永不枯竭且日益壯大。

閱讀這本書的過程中，你會看到一則又一則的眞人眞事，這些故事會敘述他們面對的大、小挑戰，以及當下的反應；你還會學到鍛鍊復原力的具體方法，知道該怎樣把書中傳達的概念落實到日常生活中。

透過筆記，記下提升復原力的過程

本書中的許多復原力訓練，都是用書寫方式反思個人的狀態。我鼓勵你準備一本筆記本，專門用來做這些訓練，並用它記錄你在壯大復原力的這條路上，浮現的任何想法和洞見。當你把所有的東西都彙整在一起，不但會更好追蹤自己的進步，還能更輕鬆地回顧先前的反思，以及學到的知識。

重整大腦迴路，變得更正向

所謂建立復原力，其實就是讓大腦用最有效率的方式，管理壓力和應對威脅。不過，就算你的大腦已經習慣用某種不好的方式處理它們，你也不必爲此感到憂心。因爲當代蓬勃發展的神經科學指出，大腦神經具有驚人的可塑性，所以人腦的迴路是可以改變的。要做到這一點，你只需要用對的方法去引導大腦的學習能力。接下來我們就來了解，當身處壓力之中，神經系統會在背後做些什麼，而我們又能如何影響它們的運作模式。

位於人體內的危機處理系統

我們的大腦和身體有一套複雜且巧妙的系統，會在面對威脅和危險時運作，科學家把它叫做「戰鬥／逃跑／定格反應」（fight／flight／freeze response）。簡單來說，這套系統的運作大致如下：受到壓力刺激時，你的感覺系統（即眼、耳、口、鼻和皮膚），會對大腦的杏仁核（amygdala，有時會被叫做「恐懼中樞」）發送信號。這個區塊的大腦會進一步活化你的交感神經系統（sympathetic nervous system）。這套神經網絡的主要功能就是「危機處理」，它會激發身體的所有生理反應，讓我們可以用戰鬥、逃跑或定格的方式挺過危險。

對史前時代的人類祖先而言，這套快速的反應機制幫了他們大忙。不論是在對抗強敵尼安德塔人、逃離劍齒虎的獵殺，或狩獵長毛象等時刻，這套反應都保障了他們的人身安全，能在短時間內以高度的專注力和強大的爆發力來對付眼前的難題。

儘管這套系統對我們祖先的求生發揮了至關重要的影響力，但對現代人來說，這套系統帶來的弊往往大於利。你要知道，大腦不太擅長分辨生理性和心理性的威脅，但今日，我們的「戰鬥／逃跑／定格反應」，多半都是由比較心理性、威脅性比較小的瑣事觸動，而非那些攸關生死的大事引發。好比說，社交方面的壓力（人際互動受阻、職場衝突、高壓的家庭關係等）、對未來的憂慮（我之後的錢會夠用嗎），甚至是反思那些令你心生不安的原因（爲什麼我當初要說那些話），都可能讓交感神經過度活化。

即便在理智上，我們都明白這些事情算不上什麼攸關生死的大事，但當實際碰上時，我們的本能卻很難辨別這種心理性威脅和生理性威脅之間的差異。慣老闆傳來的訊息、禮讓體弱的長者過馬路卻被按了聲喇叭，或某個會讓你想起過去創傷的事物，通通都可能觸發我們的生存本能，活化交感神經。長久下來，你的焦慮可能會與某些無關危險的情境、想法和記憶產生聯結，舉例來說，前一陣子才發生車禍的你，在聽到水杯從桌緣墜地的碎裂聲時，大腦或許會不自覺地萌生一股恐懼感。

不過，我們感知威脅的瞬間，不只會觸發「戰鬥／逃跑／定格反應」，還會活化前額葉皮質（prefrontal cortex，簡稱ＰＦＣ），這個大腦區塊和復原力息息相關。顧名思義，前額葉皮質就位在你大腦的前側，基本上我們的所有行爲都受到它的監控。舉凡複雜的思維、個人特質的展現、做決策和調整社交行爲等，都屬於前額葉皮質的監控範圍，換句話說，它管理了許多成就個人具體形象的環節，同時還會使我們的行動不短視近利，著眼在長期目標上。

在危急的情況下，我們的生存本能會最先反應。這就是爲什麼在碰到危險時，會不假思索地做出反應——我們會先從起火的建築內跑出來，不會先思忖可能的起火原因。然而在「戰鬥／逃跑／定格反應」運作之後，前額葉皮質也會很快地接著活化，這會讓我們能夠退一步思考眼前的情況，判斷此刻是否已脫離危險，或是一開始的情況是否眞的會對我們造成威脅。**當復原力越強大，某些情況觸動人類的生存警報時，我們就越能靜下心來，好好思考那些情況對我們的實際威脅性**。

我們一定要不時監測自己對壓力的反應，才能確保交感神經沒被過度活化。其一，如果面對壓力時沒讓自己冷靜下來，我們可能會做出不合常理的反應（回到前面失火的例子，你可能會在逃出火場後，一股腦地闖入車陣）。其二，我們的「戰鬥／逃跑／定格反應」會釋放皮質醇（cortisol），這種壓力激素會幫助身體調度資源，好讓我們及時應付眼前的危險。短期來看，這樣的機制很好，因爲加速的呼吸和心跳速率可以讓肌肉獲得更多血液和氧氣，會更有力量對抗或閃避威脅。

不過，如果我們常常處在壓力下，讓身體幾乎不間斷地釋放皮質醇，這個激素就會把身、心狀態弄得一團混亂。**焦慮、憂鬱、失眠、精神不濟和難以集中注意力，都是長期暴露在皮質醇下會出現的部分症狀**。

總歸一句話：現代生活中所有稱不上是威脅的事物，都可能活化我們大腦本能的「戰鬥／逃跑／定格反應」。長久下來，這樣的反應還會侵蝕健康。所以，我們該怎麼辦？

我們要做的，就是重整大腦的迴路。

定格反應

大部分的人都知道「戰鬥或逃跑」的概念，但在討論大腦面對威脅產生的反應時，若沒提到「定格反應」，整個討論就稱不上完整。當大腦判斷眼前的危險無法對抗或閃避，就會本能地啟動「定格反應」，讓你的身心靜止在某個狀態。萬一我們遭遇了某件無法逃避，身心又難以負荷的事件，這個反應可能就會引發所謂的「解離」（dissociation），讓感覺和記憶變得麻木或模糊。舉例來說，童年曾受到虐待的人，可能會發現自己在獲得處理這些創傷的資源前，一直都把受虐的記憶壓在心底深處。

大腦的可塑性比你想的更高

大概在二十年前，科學家普遍認爲人類在青春期後，大腦就不太會變化。

不過，現在我們知道，這完全和事實不符：大腦的結構和功能其實有很高的可塑性，而且在一生中，它們幾乎都會不停變化。學術界把大腦的這項能力稱爲「神經可塑性」（neuroplasticity），它讓大腦能隨著我們的思想、行動和經驗去改變和調整自己的狀態。對建立復原力來說，這是一個很棒的消息；事實上，這本書要教你的許多策略，就是以此爲基礎發展而來。

另外，我們的大腦還非常擅長辨認不同的模式。我們認字的能力就是個例子。事實上，文字都只是由一些線條和曲線構成，但我們的大腦卻知道這些圖形代表某些重要的意義。這是因爲大腦裡有一群緊密聯結的神經元，它們是我們學習或養成習慣的基礎；而這些神經科學上的發現，會讓我們慢慢認知到，原來想法、感覺和生理感受，皆會形塑和再塑神經網絡。這些網絡幾乎會一直隨著我們的經驗「重整」，並透過反覆活化大腦內相同的神經路徑，讓神經之間產生更強健的聯結和組織。因此，才會有人提出「一起活化的神經元，會被串聯在一起」的概念。這個概念對強化復原力非常重要。

隨著時間的推移，當特定神經網絡的聯結因重複性的活動加深和強化，它們就會內化成一種心理途徑，讓你的思路和行爲不由自主地跟著它走；重複性的想法和舉動又會加深這些路徑，這也就是爲什麼改變習慣是一件很困難的事。**不過，學習新的事物並反覆練習它，還是可以為你的大腦開闢出新的思考迴路**。

這個過程的美好之處在於，只要你願意去做，最終你的想望就會成爲現實。如果你一直想著自己的優點、成就和正面的經驗，隨著那些神經聯結的成長和加深，你的大腦就會變得比較在意這些特質。反過來說，如果你老是懷著憤世嫉俗的想法、常常責怪自己不夠聰明，或是沉浸在其他的負面思想中，你就會養大自己創造負能量的能力。

雖然這個舉動不會讓你在看到半滿的水杯時變得比較開心，**但透過一而再，再而三的正向思考，它會強化特定的神經迴路，讓你能用更正向的角度看待事情**。同時，那些比較少被活化的神經迴路，像是憂慮、恐懼和焦躁，則會慢慢弱化。現代神經科學也提到「刻意讓自己專注在美好事物上的重要性」。

現在，就讓我們來看看，要如何把這個過程付諸實行。

在約翰的印象中，他的父親是個挑剔又苛刻的人。約翰和哥哥常被放在一起比較，爸爸不是說他的功課不夠好，就是說他的運動神經不夠發達。這樣的成長背景，讓約翰有種差人一等的感覺，即便長大成人，這股陰影還是持續影響著他人生的各個面向。他用非常嚴苛的標準審視自己的一言一行，就算是非常小的負面評價，都會讓他心中升起一股恐懼和焦慮。四十幾歲的時候，約翰結束了一段感情，開始接受認知行為治療；這種治療會讓我們專注在那些可能會讓我們無法有效表達和處理情緒問題的思想、觀念、信念和態度上。

接受治療後，約翰明白了他的思考模式是在深化父親對他的錯誤評價。於是他開始練習，用充滿善意和肯定的評價來對抗這些失真的負面訊息，譬如他會不時告訴自己：「我有很多優點，我是一個聰明且有才華的人。」這個過程

雖然耗費他不少時間和精力，但漸漸地，他的焦慮感降低了，整個人也變得更加正面、更了解自己。

約翰所做的舉動，就是在用新的神經迴路取代那些在他苦澀童年養成的迴路。儘管我們的人生免不了會遭逢苦難，但只要能善用大腦創建新聯結的強大再生能力，就有辦法重塑現實。約翰無法改變過去，但藉由專注在「正面」的思維上，他改變了現在的感受。

找出你的復原力

找出復原力是一段必須親力親爲的歷程。我們每個人對生活壓力的反應都不一樣；也就是說，你面對挑戰的方式可能與其他人完全不同。對付挑戰沒有所謂的單一標準答案，也沒有什麼能一體適用的反應。最重要的是，你要發展出一套最適合自己的方法，用它幫助你面對人生道路上碰到的任何挑戰。

每個人都必須依據個人獨一無二的生活環境，摸索出一套最能有效運用復原力的方式。不過，你在努力追求日常復原力的同時，也請務必留意評估自身進步的標準。**大部分的人都會用很嚴苛的標準評判自己，但用寬厚、仁慈的態度對待自己，是強化復原力的重要基礎之一**。你一定要成爲自己最忠實的朋友和盟友，在第七章我們會探討到這段過程。同樣地，你也一定要意識到，你在這段旅程上走過的每一段路，都是當下最需要體會的際遇。誠如心理學家卡爾·羅傑斯（Carl Rogers）所言：「雖然這有點玄妙，但當我能接受自己現在的樣子，我就能改變自己。」

你對自己的評價，會影響你如何運用復原力。以下就讓我們來看看，在相似的情境下，不同的觀點會導致怎樣的不同結果。

蘿絲在十八歲時，第一次憂鬱症發作。當時的她既是個焦慮的青少年，也是個事事要求完美的學生，總是把自己逼得很緊。除此之外，她還是個出色的足球選手。她對自己的文武雙全非常自豪，在得知自己錄取了心目中第一志願的大學時，她超級激動。然而，大學開學後，她的人際關係一直不太好；她找不到志同道合的朋友圈，在班上變得越來越孤立。她告訴自己，她沒有正確的社交技巧，所以無法像其他人那樣受歡迎，把心中萌生的那股低落感受都怪罪在自己頭上。她放棄了社交生活，整個人像洩了氣的皮球，任憑心中的那股絕望吞噬她。她開始缺課，後來甚至被退了學，搬回去和父母同住。

麗莎的憂鬱症也是在十八歲時發作。跟蘿絲一樣，麗莎是一名優秀的學生，很有運動和藝術方面的天分。當她錄取理想的學校後，她便興高采烈地探索起新鮮的大學生活。不過，到了第二學期，她就開始出狀況了。她變得很難專心聽課、睡不好，而且發現自己很難和其他人打成一片。她提醒自己，憂鬱症是一種疾病，她向學校的輔導員尋求協助，同時鼓勵自己多與室友和其他朋友相處。這不是件容易的事，但可以讓她一步步找回原有的社交關係。到了該學年快結束的時候，她已重新振作起來，讓自己回到了正軌。

爲什麼相似的情境在這兩位年輕女孩的身上，會發展出完全不同的結果？顯然，這一點跟她們解讀眼前情境的方式大有關聯。她們用截然不同的眼光解釋了自己的處境，尤其是個人行爲表現的部分。相較於事件的眞實面貌，我們自身對事件的感知、處理和解讀方式，通常對結果更具影響力，這一點在憂鬱和躁鬱的人身上更是明顯。

雖然這兩位女孩的外在條件相近，但蘿絲對自己非常苛刻。很遺憾地，面對病情日益加重的憂鬱症，蘿絲只是不斷地向內批判自己。相對地，麗莎就告訴自己，憂鬱症是一種病；這樣的理解使得她能夠及早向外尋求協助。

雖然我們每個人都蘊含著強大的復原力，但這些與生俱來的力量，往往還是會被人生面臨的各種挑戰耗損。有的挑戰和整個大環境有關，像是對性別、種族和社經地位之類的刻板印象，都會對我們的生活帶來無止境的壓力。無論是否認同這些社會常規，我們的家人和整個世代都會受到這些因素的影響，**而所承受的壓力、貧困、創傷和暴力，都會決定我們應對困境的方式**。

話雖如此，但研究指出，增長復原力的方法有很多。同時，以雙胞胎爲受試者的研究發現，基因對復原力大概只有三〇%的影響力。儘管這項研究的發現還有待更多其他研究的驗證，但這意味著，復原力有很大一部分是取決於「成長環境」和「面對挑戰的方式」——蘿絲和麗莎的故事就說明了後者。外在條件，例如宗教信仰和信念、家庭、團體支持、自省能力、志同道合的朋友、諮商和正念練習等，也都是強化復原力的重要元素。

善用本書，展開復原之路

你會閱讀這本書，背後一定有某些原因。或許是你需要有人幫助你走過最近生活中發生的沉重事件，或你想要有人帶著你用正確的角度去看待往事。或許是你想要讓自己變得更平靜、更自信和更安定，或你想要鞏固重要的人際關係。又或許是，你一直在憂鬱症、躁鬱症或創傷後症候群中苦苦掙扎。（如果你懷疑自己得了嚴重的病症，請就醫並尋求專業協助。）

這段過程中有一個很重要的關鍵，就是你要以你的人生故事爲榮。每個人都走在眼前的人生道路上，並用獨一無二的姿態在各自的道路上前行。環境會形塑我們的樣貌，而且對我們的影響力不容小覷。我們會成爲怎樣的人，都是經由生活中的無數影響交織而成——有些我們可以掌控，有些則無法。這本書會幫助你專注在「可」掌控的生活面向，讓它們朝著能讓自己幸福的方向發展。你會更清楚地感受到人生中的許多抉擇點，並注意到自己擁有的選項遠比想像中多，**明白自己能有所選擇，是增強復原力相當重要的一環。**

不論你是在人生的哪一段路上，我都希望能幫助你保有充盈豐沛的復原力。提供身處低潮和黑暗的人需要的東西，是我的畢生志業。我從自己的旅程中體悟到，復原力能讓一切變得多麼不同，所以我想要幫助你培養復原力。

不過在你正式展開這段歷程前，以下幾點請你務必謹記在心：

1 完美是神話

你讀這本書的時候，請一定要以「寬容」的態度對待自己。不必強迫自己把所有的資訊都照單全收，只要吸收適合你的資訊即可。你要知道，你不需要把一切都做到面面俱到才能擁有復原力；事實上，世界上也不存在「完美」這種東西。

2 不要忘了初衷

跟很多人一樣，你的生活或許會有很多事等著你去處理。請把這本書當作你忙裡偷閒的機會，讓自己緩一緩腳步，反思和逃離當日的壓力和煩憂。如果你老是忙著逃離生活中的各種枷鎖，請把「打造復原力」看作對自己和生活的一項投資。這是一個反思人生歷程的機會，本書的資訊會讓你好好思考這類問題，包括：

- 對我而言，什麼樣的事情最棘手？
- 我可以在哪裡找到需要的協助？
- 我一路上碰到的挑戰是怎樣形塑了今日的我？
- 我擁有哪些能力，能幫助我度過眼前的難關？

探討這類問題的過程會幫助你慢慢發現，需要如何強化和維持內在的復原力。你可以先把手邊的部分活動暫緩，因爲唯有顧好復原力才能用更好的狀態去參加這些活動。

3 持之以恆地練習

就跟上健身房練肌肉一樣，強化復原力也是一個需要持續進行，才能夠逐步看見成效的鍛鍊。看完這本書或其他的任何一本書，都不可能讓你一夕之間就變成一個對生活充滿彈性的人。你會在書中看到各種鍛鍊復原力的方法，持之以恆地執行它們，就能一點一滴壯大你的復原力。另外，培養復原力的方法並非千篇一律：我提供了許多不同的鍛鍊方法，每個人都可以用適合自己的方式來提升復原力。

4 規劃自己的復原之路

打造復原力的過程多半不是一帆風順。就我自己來說，我歷經過幾段成長和療傷的階段，也度過幾段極度痛苦和艱辛的階段。我體會到的這些起起落落，以及介於這之間的一切事情，你大概也會碰到。我當然希望你可以把這本書從頭到尾的讀過一遍，但如果你有什麼想優先解決的難題，我也歡迎你先翻到那些可以幫助自己的頁面。你一定會得到一個能讓你好好思索，或是與朋友一起討論的有趣觀點；但願這一個觀點，也能成爲你展開專屬旅程的起點。

不論位在旅程的哪一個階段，我希望你能知道「希望無所不在」。不要覺得我說這句話很陳腔濫調，我確實一再親眼見證到這句話的眞實性，在我自己身上，也在我幫助過的那些人身上。你永遠都會找到一個方法，讓事情朝著你在乎的方向發展，同時兼顧你個人的福祉。就算你覺得自己體內的復原力大量耗損，它仍會持續不斷地支持你。總之你一定要記住，**不管歷經人生中多麼黑暗的時刻，心中那口盛裝復原力的井都不會真正枯竭，還有，你一直都擁有再次蓄滿它的能力。**

本章重點

- 復原力是你內在力量的泉源，能讓你安然度過困難和挑戰。每個人的體內都蘊含著復原力，它是一口可以汲取和補給的水井。
- 大腦的警示系統若過度反應，些微的心煩意亂都會觸發我們的生存本能，即「戰鬥／逃跑／定格反應」，長久下來會讓人感到痛苦和焦慮，並衍生出各式各樣的生理症狀。
- 我們的大腦具有高度的可塑性，而且幾乎一直都在變化。
- 透過刻意練習，我們可以改變大腦的神經迴路，用更正面、健康的思想和行為，取代自我批判和其他負面的習慣。
- 尋找復原力是一段必須親力親為的歷程，因為每個人都會以不同的方式展現復原力。
- 信念、家庭、團體支持、自省能力、志同道合的朋友、諮商和正念練習等環境因素，對復原力的影響甚鉅，它們都是強化個人復原力的重要元素。
- 用寬厚、仁慈的態度對待自己，避免自我批判，是打造復原力的關鍵。

“ 唯有實際與人相處，

才能將心中那口乾涸的井，重新填滿復原力。”

第二章

人際的聯結

與他人建立聯結是壯大復原力的核心。沒有人際的聯結，復原力就會乾涸，讓我們的身、心狀態面臨重大的危機。事實上，孤獨造成的心臟疾病和中風風險，就跟久坐不動的生活型態一樣強大。對許多人來說，家庭的聯結，尤其是與父母之間的聯結，是我們畢生建立的第一個人際聯結。即便我們無法從父母身上得到充分的關愛，還是可以用許多不同的方式，與生活中的其他人建立重要聯結。諸如與陌生人分享一些小共鳴、和朋友及夥伴建立關係、參加社區的志工活動，或是隨機的做些善事等，這些舉動產生的每一個聯結，都能壯大我們的復原力。

如何建立人際聯結？

人類是群居的生物，所以我們的復原力和心理健康，理所當然離不開與他人建立聯結的能力。我們的祖先要在嚴峻、險惡的環境中生存，必須仰賴彼此的互助合作；少了這份聯結，他們大概就會活不下去。從演化的角度來看，成群結黨是人類與生俱來的本能，而我們和他人之間的聯結，則是維持情緒健康的一大後盾。

從我們呱呱墜地的那一刻起，我們對人際聯結的渴求就開始萌芽。杜克大學（Duke University）的一項研究追蹤了四百多名嬰兒，觀察家庭關愛對他們長大成人後的影響；數據顯示，在滿滿母愛下成長的孩子，成年後會比較快樂、較不焦慮和擁有較強的適應能力。相反地，缺乏父母關愛下成長的孩子，長大後的復原力、自信都顯得比較差，也容易出現攻擊性行爲。

但萬一我們就是沒那麼幸運，不是生在一個充滿愛的家庭呢？萬一我們的父母或手足就是很嚴厲、寡言和非常粗暴呢?這個時候,與他人之間的聯結就變得格外重要。以我自己爲例,在療傷和成長的過程中,我與治療師之間建立的信任關係,就成了這段過程中的重要人際聯結。

人生的旅途難免起起伏伏,但人際聯結不僅會增進我們的自我調節能力(將在第五章討論)和自信,還會強化對抗挑戰和挫折的能力。

接下來,就讓我們來看一個眞實的案例。

羅伯是三兄弟中的老么,十歲時他就立志當醫生。羅伯的父親在他出生後沒多久就拋下了他們一家人,而他酗酒的母親成天都在努力保住自己的飯碗。然而,即便羅伯的家庭環境跟安穩沾不上邊,但他本身很聰明和勤奮,在學校總是名列前茅。只是他對自己不太有信心,何況過去他身邊也沒有能成為榜樣的對象。直到羅伯三年級的時候,一位老師走進了他的生活,這位老師看見了羅伯的潛力,並以有別於他人的方式支持羅伯的理想。老師要他解答比較難的數學題目，還讓他閱讀較有深度的文章，這種種的舉動不但讓羅伯越來越有自信，也慢慢把老師當作自己的榜樣。回首過去，羅伯認為當初這種有人陪在他身邊的感覺，給了他很大的自信和安全感，也讓他明白自己確實有能力運用自身的學霸才華，開創出一條有別於原生家庭的道路。

用人與人之間的聯結和支持充實復原力，除了能提振士氣，拓展和打造身、心、靈的彈性和靈活度，也能讓我們把挑戰和失敗看作是成長和學習的機會。**正向的關係讓我們在面對困境時，產生更多的愛、幸福和自信，而這些壯大復原力的元素，又會讓你與他人建立更深厚的正向情誼**。

少了人際聯結是很恐怖的，可能會產生這些狀況：孤獨和社交孤立（social isolation）、高血壓、免疫系統變差，以及心臟疾病和增加中風機率等。實際上，現在的醫師還認爲，孤獨是造成心臟疾病的六大風險因素之一，跟抽菸和不活動一樣危險。可是，隨著我們花在網路和電子產品上的時間越來越長，面對面與人相處的時間也越來越少；也就是說，我們正眼睜睜看著孤獨這場瘟疫在人群間蔓延。身處數位時代的我們，雖然可以靠著通信軟體和社群媒體相互交流，但唯有人與人之間的實際相處，才能真正將心中的那口井，重新填滿復原力。

就如同植物需要陽光和水一樣，人類也少不了愛和聯結。說到與他人建立關係，我們腦中第一個浮現的或許會是充滿粉紅泡泡的戀愛關係，但這裡說的關係，是心理學家芭芭拉·佛列德里克森（Barbara Fredrickson）所說的「與其他生物共享的溫馨、交流時刻」，而這個生物甚至可以是我們的寵物。她藉由許多美好的研究告訴我們，即便是日常中再平凡不過的舉動，都可以讓彼此之間產生片刻的共鳴，而這些時刻皆會讓我們感覺到彼此有所聯結，感覺到溫暖和正向的情緒。這些微小卻常常發生在我們身上的瞬間，就像一顆顆小小的引擎，會將復原力一步步往上推升。每當這些時刻發生時，它們都會刺激大腦釋放催產素（oxytocin），我們墜入愛河時大腦也會釋放這個化學物質。因此，催產素又有「戀愛激素」和「擁抱激素」的暱稱，它可以減輕恐懼、增加信任和使人平靜。

芭芭拉・佛列德里克森在她的著作《愛是正能量，不練習，會消失！》（*Love 2.0*）中舉了許多例子，這些例子都是我們在日常生活中，可能體會到的愛與聯結，例如與朋友一起歡笑、對在通勤時碰到的陌生人釋出善意的微笑、和咖啡師的互動，以及養一隻貓或狗等。聯結是人類非常重要的體會，這些短暫的片刻會對我們造成極大影響。我們沒有意識到這件事，**但這些使彼此產生聯結的微小瞬間，會讓信任感擴增、情緒管理能力提升，甚至讓我們過去疏忽照顧的面向得到彌補**，而這一切都會鞏固復原力。簡單來說，只要我們能多留意這些細微但別具意義的體會，就能從它們身上得到更多的力量，擁有源源不絕的復原力。

除了這些微小瞬間建立的聯結，還有許多更深層的聯結會滋養復原力，譬如我們與原生家庭的聯結。除此之外，親密的友情對復原力的重要性，和親情不相上下。事實上，我們可以跟任何人建立一段有意義的聯結，這個人可以是朋友、同事、教會的教友、志同道合的社友，或是網路論壇上的網友。

我們並非只能從交情深厚的朋友身上享受到人際聯結的好處，即便是最近剛發展出的社交關係，也可能給予我們等同長久友誼的情感支持。在這裡，「質」遠勝於「量」。**比起擁有一群泛泛之交，有一兩段能讓我們暢所欲言、分享重要事情的人際關係，通常能給你更多的支持**。

不論與我們建立這類關係的人是朋友或手足、新朋友或老朋友，這些在我們人生中最緊密的人際聯結，都會是滋養復原力的最大主力。若想讓這些人際聯結保持在健康的狀態，一定要好好處理每一段關係中，或多或少會出現的各種挑戰。下頁的練習會幫助你，守護那些可作爲復原力後盾的關係。

復原力練習
2-1

修補彼此間的關係

培養正向的人際聯結需要下功夫。我們都可能碰上人際關係上的挑戰，變得只看見一段關係的不好，卻沒去注意背後到底發生什麼事。不過透過這項練習，我們可以從這些人際挑戰中學習和成長，強化對其他人的同理心，並茁壯體內的復原力，以應付更巨大的挑戰。當你與某個人之間的關係變得緊繃，而且這個人對你而言很重要，這套練習就能幫助你守護這段關係，讓它不再處於緊繃狀態。

❶ 坐下來，給自己十五分鐘的寧靜

好好思考你和對你很重要的人間所發生的衝突，仔細審視當時的情境，想想對方說了什麼？做了或沒做什麼？把你思考這些情境時，心中產生的情緒都記錄下來。

❷ 在你的日誌或筆記本上，回答下列問題

- 這段關係對我的重要之處？
- 如果站在旁觀者的角度，我會如何看待這份挑戰？
- 我欣賞這個人的什麼地方？
- 解決這項衝突後，我們雙方可以有哪些收穫？

❸ 承上題，請重新檢視一遍答案，並反思下列問題

- 這項練習幫助你看到了些什麼？
- 你是否察覺到自己的情緒有任何起伏？
- 從其他人的觀點看待這份衝突時，有讓你想到其他的化解之道嗎？

通常，花點時間去反思，可以讓我們意識到這份衝突並沒有想像中嚴重，並能讓我們重新體悟到非常重要的事情。就算這個練習無法化解這份衝突，也希望它能幫助你用更寬廣的視角，去看待這個問題，釐清這個人和這段關係對你的重要性。下一次當你與他人發生衝突時，不妨在決定解決這場分歧的方法前，先花點時間進行這套練習。

能夠游刃有餘地處理人際關係上的挑戰，是生活的核心技能。花些時間去反思你生活中遇到的任何挑戰，可以讓你更能掌握及處理人際關係。換句話說，你的復原力也會因此變得更強大。

人際關係的力量

我們已經了解建立和維持正向的人際關係，可以帶來許多令人無法忽視的好處。社會聯結能夠透過鞏固信任感、提供正面的榜樣，以及給予鼓勵和肯定，來強化每一個人的復原力。那麼現在就讓我們來逐一檢視這三大面向。

1 信任感——相信他人並相互扶持，能證明自我價值

我們在生活中面對的困境可能非常嚴峻，嚴峻到會剝奪對這個世界和所有人的信任感。我們會發現，自己很難相信這個世界是個可以令人安心的地方，或是會發現，自己很難放心依靠在其他人身上。這種無法信任任何事物的狀態，可能會蒙蔽我們看待事物的能力，甚至是奪走對人際聯結本身的信任。在這種情況下，我們難免會想要退縮、躲進自己內心的小世界，**但用愛和聯結重新鞏固你對這個世界的信任，可以得到更強大的復原力**。身爲一個極需彼此交

流的物種，我們需要其他人的相互扶持，才有辦法證明和肯定自己的價值。

有時候在歷經困難時，會覺得世界對我們很不公平。我們很容易會用童話故事裡的那一套標準去規劃人生，而且許多電影和書籍都讓我們覺得這樣做合情合理。一旦套用這樣的標準來過日子，卻發現事情的發展根本沒有照著預期的方向走，就會覺得自己被騙了。然而，社會聯結會提醒我們，走在人生的道路上，吃苦、顚簸是每個人都會經歷的事，因爲這就是人生的一部分。這會讓我們相信自己跟大家站在同一條船上，不再覺得被這個世界不公平的對待。

2 尋找榜樣——思考其特質，有助於提升復原力

我們的父母或照顧者，通常是首要榜樣。當我們還是孩子的時候，與他們相處的時間最多，我們會觀察和仿效他們的行爲。假如父母對我們展現滿滿的關愛，我們就會知道自己受到寵愛，會感受到一股踏實的聯結，並發展出對自我的價值感。假如他們表現出平靜、關切和同理的態度，我們就會相信有人願

意看著我們、聽我們說話。假如他們看見我們的優勢和努力，我們也會學到看見這些面向的方法。就某種層面來說，好的父母就像孩子的一面鏡子，能讓孩子看見自己有哪些長處和優點。此舉不但可以讓孩子強化那些優勢，也可以讓他們獲得更多的復原力。

不論我們的主要照顧者是否爲健康、正向的榜樣，生活中一定會有某個值得效仿的對象。想想看，你是否認識挺過人生重大挑戰的人？這個人有可能是我們的家人、朋友，或你在報章雜誌上讀到的任何一個人。值得一提的是，並非所有的榜樣都是你意料之中的人。當我問醫師，誰是他們堅強面對挑戰的榜樣，他們往往會告訴我，是某位從容面對病痛的病人。另外，對病人而言，他們在克服挑戰的過程中，通常會試著把自己的重心從滿足別人的期望，轉移到對自己眞正重要的事物上。

花一點時間去想想某個你非常欽佩的人，這個人可以是你的家人、宗教名人、政治或歷史人物，甚至是小說或電影裡的虛構角色。你欣賞他們的什麼地方？你會想要模仿他們的這些特質嗎？思考這個人的特質，可以幫助你找出有效提升復原力的方法。

3 鼓勵和肯定——接收越多，越能提升自信心

小朋友第一次盪鞦韆時，多半會時不時望向父母，尋求肯定和安全感。你努力完成老闆交派的任務時，也會希望老闆表揚你的付出。**無論是口頭或非口頭，我們從別人身上獲得的鼓勵、肯定和認可，都對身心健康有至關重要的影響**。這些讓我們感受到肯定的瞬間，也屬於在前文中提到的正向微小瞬間，我們同樣會從中體會到溫暖或愛。在童年階段，這些瞬間會強化自信心。不過，不管童年是否常出現這樣的時刻，長大成人的我們如果遇到別人肯定自己，還是可以把握這些時刻。

身爲一個教練，我一次又一次地看到，一個支持、肯定和不帶批判的空間對我們有多麼重要。相信自己本來就具有豐富的創造力和機智，不但可以增進

隨機應變的能力，還可以幫助你順利度過眼前的各種挑戰。任何雪中送炭的幫助，也都可以帶來鼓勵，即便只是非常短暫的瞬間，它們都可以給予我們面對逆境的能力，同時增添復原力。

復原力練習
2-2

注意每個微小瞬間

無論你是年輕人或年長者，單身或已婚，內向或外向，我們都可能時不時感到孤獨，這是很正常的事。多數時候，我們會靠著訊息、電子郵件或社群媒體來讓自己擺脫孤獨感，但這些非面對面的溝通方式，或許無法讓我們產生那種透過人與人真實互動所建立的聯結。相對地，你可以多利用生活中的各種微小瞬間，讓這些片刻爲你和其他人建立短暫但有意義的聯結。其實，你的生活中早已存在許多這樣的瞬間，但這項練習會幫助你注意到這些時刻，並放大它們刺激催產素，擴大對其他面向的正面幫助。用文字寫下它們，可以讓你得到更多的好處。

從今天開始，花一週的時間去感受生活中產生聯結的微小瞬間，每天記錄三個瞬間，並請謹守以下原則：

❶ 留意你與他人的互動方式

與陌生人、熟人或任何一個人產生短暫的交集時，請盡可能充分展現自己，好好體會你在產生聯結的這些瞬間感受到了什麼，並注意身體的感覺。

❷ 促進聯結

不論是在職場或家裡，都請你多看看其他人的表情，並試著去解讀它們。

與其他人互動時，也請你盡可能笑顏以對。

❸ 寫日記

每一天的最後，在你的日記上寫下三個產生聯結的瞬間，再用下列五項標準來檢視這三個瞬間帶來的感受，每項標準的分數以〇（完全不符合）到五（完全符合）來表示。

- 我覺得我有跟對方「在同一個頻率上」。
- 我覺得我跟對方有一股親密感。
- 我注意到身體湧起一股暖烘烘的感覺。
- 我的身體放鬆了。
- 我的問題似乎變小了。

請注意，你刻意找尋這些微小瞬間的舉動，是否同時加深了你的某些重要關係，讓你對那些關係帶來的聯結感更加敏銳。請看看做完這份練習後，有沒有讓你的整體情緒狀態變好，舉例來說，你或許會覺得自己能用比較寬容的態度對待他人。請把這些想法也一併記在你的日記上。

你不必一直用這樣的方式記錄生活中的微小瞬間，但請你將留意和重視它們的舉動變成一種習慣。每一個產生聯結的微小瞬間，都是滋養身、心、靈的養分。你能體會到越多這樣的瞬間，就能從中得到越多的復原力，讓自己在遭逢狂風暴雨之際，依舊擁有穩穩前行的力量。

幫助他人時，也能增加復原力

生活在這個充滿競爭的社會，我們很容易就會落入只在乎自己的利益，不顧他人好壞的狀態。然而過度以自我爲中心的生活方式，會令人失去人際聯結，變得孤獨。研究也發現一個奇特的現象，**就是這種完全只聚焦在自己身上的生活方式，會讓人變得更脆弱，因為它會耗損我們的復原力**。

達賴喇嘛（Dalai Lama）就說過這樣的話：「老是只繞著自己思考不會活得快樂，能爲他人著想才是快樂生活的訣竅。」誠如前文所說，一旦缺乏與社會間的聯結，我們就會開始認爲自己是唯一的受苦者，覺得其他人活得比自己輕鬆自在，或是覺得人生一點都不公平。幫助他人會讓我們認清現實，明白苦難本來就是身而爲人的一部分。換言之，不管怎樣，我們每個人都必然要面對各種阻礙和挑戰。

改編自同名小說的賣座電影《讓愛傳出去》（Pay It Forward）就清楚闡示

了善舉的影響力，它們就像丟入池塘的一顆顆小石子，在水面掀起一道道向外擴展的漣漪，造就各種意料之中和意料之外的成果。在下頁的案例中，羅伯的老師給予他的重要支持和鼓勵就是一例，而幫助他人則是我們回饋自己曾受惠於人的一種方式。另外，我們常說「施比受更有福」，這可不是空口說白話。大量研究顯示，凡事爲他人著想和志工服務等行爲，與提升生活滿意度、改善憂鬱症、降低血壓，甚至是延長壽命等相關。

對當代社會來說，這是一個格外不容忽視的事實。因爲我們生活在一個數位時代，隨著科技在生活中的比重越來越高，我們與其他人的日常互動方式似乎也少了點人味，像是表情和語調。海倫・萊斯（Helen Riess）醫師是我在哈佛醫學院的同事，她在其著作《我想好好理解你》（*The Empathy Effect*）中就表示，**我們會在數位世界裡看到這麼多惡毒、直白的言語霸凌，就是因為在互動時缺少表情和語調等肢體線索**。面對這些唯我獨尊、只在乎自身利益和弱肉強食的社會趨勢，幫助其他人是反制它們的最大力量。服務他人的過程會提醒我們，其他人跟我們一樣，也是有血有肉的人類。這種聯結感會強化復原力，並抵銷孤獨感。

蘿莉塔一直想要有個孩子，但她在三十歲出頭時確診何杰金氏淋巴癌（Hodgkin's Lymphoma），做完化療後她發現自己失去了生育能力。蘿莉塔很想領養孩子以彌補這個缺憾，也和她的老公討論過，但她老公無法想像跟一個毫無血緣關係的孩子建立緊密的聯結。於是蘿莉塔把全副心力都放在工作上，讓大量的工作填滿生活的每一個角落。可即便如此，她還是覺得心裡有某個地方空蕩蕩的，怎樣也無法填滿。後來某個朋友告訴她，有一間地區性兒童醫院在徵志工，主要工作是幫忙照顧新生兒加護病房內的嬰兒，她想也不想就立刻申請了這個機會。她第一次把新生兒抱在懷中的瞬間，感覺心中湧現了一股母愛和暖意。沒多久，她就養成了每週到醫院擔任志工的習慣。蘿莉塔表示，擔任志工時，讓她又重新體會到遺失許久的完整感。她知道她此刻的所作所為，正在改變這些小寶寶的人生，而這股滿足感也滋養了她某部分的靈魂，進而補給她的復原力。

幫助別人的方式不勝枚舉，你也可以跟蘿莉塔一樣，到地區性醫院或慈善團體當志工。除了正式的志工服務，你還可以藉由在日常生活中多做善事來服務他人。這些無私的行爲不只會幫助或鼓勵到某些人，也會讓人發自內心地變得更快樂。人類的大腦會隨著個人的經歷學習而改變，越是在意某方面，大腦內屬於那個方面的迴路就會越發強健，所以你做的每一項善舉都會讓你日後更容易對他人伸出援手。

至於接受幫助的人，則很可能會將這份善意繼續傳播出去：**他人的慷慨幫助，會弱化我們心中的那股匱乏感，而這股匱乏感可能就是我們無法大方待人的原因**。這一點也讓我們明白，「善」確實具有感染力。

復原力練習
2-3

多做善事

對某些人來說，他們喜歡參加正式的志工團體，依自己的行程表安排固定服務時間，並在團體的驅動下，不斷幫助他人。有的人則喜歡在日常生活中，隨機地做些善事。可別以爲做善事要耗費很多心力，其實很多簡單的小舉動就能達到行善效果，例如：教陌生人使用停車計費器、撿起公園的垃圾、捐血、給同事留張表達感謝的小紙條，或是幫年邁的鄰居跑腿等。幫助他人爲你帶來的每一段微小但正面的聯結感，都會讓你的復原力更加豐沛。

就從這星期開始，爲其他人做至少三件好事吧！你可以事先計畫好要幫忙哪些事，也可以隨時保持警覺，在適當的機會下提供協助。你行善的對象不一定要同一個人，幫助陌生人或認識的人都可以讓你從中獲益。你不一定要做到爲善不欲人知，但受惠者也不見得要知道你做了哪些善舉；在這裡，名聲和功勞都不是重點，只要你能力所及，請盡量用各種不同的方式行善。

完成每一項善舉後，請在日誌內寫下你做了什麼事。記下做這項善舉時，讓你產生了怎樣的感受。請格外留意你的情緒狀態和身體感覺，記下做善舉前、後的心情，是否有感覺到任何轉變呢？

本章重點

- 人類天生少不了人際聯結。
- 孤獨造成的心臟疾病和中風風險，就跟久坐不動的生活型態一樣強大。
- 我們對人際聯結的需求，並非只能靠戀愛關係滿足。透過友情和他人產生聯結的每個微小瞬間，也是滿足個人需求的重要聯結。
- 社會聯結能夠透過鞏固信任感、提供正面的榜樣，以及給予鼓勵和肯定，來強化每個人的復原力。
- 幫助他人時，會讓提供和接受幫助的雙方都受惠。
- 日常生活中的隨機行善雖然不是什麼大事，但這些慷慨待人的瞬間，會強化我們的復原力，並激勵受惠者繼續把這份善意傳播出去。

第三章

心靈的彈性

就如我們在第一章提及的，復原力往往離不開「彈性」這個概念，而「彈性」就是指「能屈能伸，不會因外力失去原本的樣貌」。當然，就肉體層面來看，身體的力量和彈性絕對是相得益彰的關係；運動員和練瑜伽的人所做的鍛鍊，會讓他們的身體同時獲得力量和彈性。不過，若說到心理層面的彈性，也就是在復原力中所談到的彈性，它所代表的意義可不僅僅是承受苦難和回歸正軌的能力。如果你是懂得運用復原力的人，在認知和情緒上也會擁有一定程度的彈性。你會懂得用新的眼光去看待事物，並用更好的視角去評估自身的狀態。「正念」是發展這類彈性的重要工具，也是本章要介紹的重點。

提升心靈的彈性

我們很容易會用某種固定的模式去看事情，包括生活、自己和發生在我們身邊的事。雖然生活中的許多情況都不是我們有能力去改變的，但「永遠」都可以改變自己看待它們的方式。相同的一件事發生在兩個人身上，這兩個人的看法就有可能完全不同。一個人可能會問：「爲什麼我老是會碰上這種事？」另一個人則可能會覺得自己「塞翁失馬，焉知非福」，反倒會將這件事當作是讓自己變更好的契機。

我們多半會忘了自我對事情的預料，往往會與實際情況的發展有很大的落差。也就是說，一個看起來會很糟的情況，最後可能會變成一件很棒的事。以分手爲例，如果被另一半分手了，你大概會大受打擊，當下甚至會覺得自己再也找不到另一個適合的人。然而，過一段時間之後，你開始在線上交友，還與某位過去你絕不會考慮回覆訊息的人交朋友，後來這個人就成了你人生中的摯愛。由此可見，萬一你一直被自己「再也找不到另一段戀情」的預設立場綁架，那麼就永遠都沒機會發現，其實還有另一段更好的良緣在等著你。

以下這個例子，就道盡了在看待事情的角度上，會對處事態度造成多大的影響力。

在感恩節前的那個星期五，湯姆在下班時得知自己被裁員了，他簡直震驚到說不出話來。接下來的週末，他除了擔心錢的事情，還發現自己一直想著：「為什麼這種事會發生在我身上？我真是個廢人。每個人都知道我什麼事都做不好，還是在感恩節就要到來的這個時刻。我真的是全世界最倒楣的人。」湯姆就這樣沉浸在憂慮和自責的想法中，不但無法好好睡覺，還一直對老婆和孩子擺臉色。當外地的親戚趁著假期來他家拜訪時，他也因為太沉溺在那些負面思緒中，幾乎和對方沒什麼互動。他已經期待這個假期好幾週了，但假期結束時，他完全沒有從中得到任何樂趣或溫情。

我們可以用湯姆的例子來說明人類應對生活困境的方式。具體來說，這個故事清楚呈現了所謂「痛苦與創傷雙箭理論」（first and second arrows of pain and suffering）的概念。

第一支箭是事件本身。我們無法掌控這支箭，在這個例子中，湯姆丟了工作，這種事任誰也不願碰上，所以理所當然會感到恐懼、憂慮和焦躁。人生本來就處處潛藏著各種壞事，像是失業、生病和意外等，而它們也多多少少會讓我們不太好受。

然而，第二支箭就是可以掌控的部分，它是我們碰上這件事時產生的想法。我們可能會過度自責、覺得自己倒楣，或是覺得這一切有失公平。換句話說，這第二支箭是我們根據情況的基本事實，進一步思考得到的結論和推斷；這份結果往往會因爲過往的經驗和對未來的想像，把我們帶往一個充滿恐懼、憤怒、不安全感、憂慮、焦躁，甚至是憂鬱的境界。

通常這個反應會深受早期生活經驗的影響，因爲當時我們已經透過反覆刺激某些神經迴路，讓那些神經迴路成爲我們的基本思考模式。就跟湯姆一樣，第二支箭多半都是對自我的嚴厲批判。對湯姆而言，失去工作已經夠糟了，但他對自己強力指責的第二支箭，更是讓他的處境雪上加霜，使他完全失去了與家人共度假期、好好充電的心思。

有了這個概念後，我們就可以有效強化心靈的彈性，增進復原力。想想你最近碰到的任何一個困難，仔細思考那件事讓你受挫的主要問題是什麼，例如：與重要的人關係緊繃、健康出狀況，或是你正在奮力完成一件大案子。這就是第一支箭，我們可以把它想成這個問題的客觀事實。

第二支箭是你對這些事實產生的想法。舉例來說，與某人關係緊繃可能會讓你冒出「這個人對我一點都不公平」或「爲什麼我老是會碰上這種事？」的念頭；健康問題可能會引發你一連串的恐懼，害怕自己會因爲這些病痛無法好好工作，或是照顧孩子；工作方面，你可能會擔心別人看不見你在職場上的價值，或是覺得這個案子會決定升遷機會。

在檢視第二支箭的時候，我們可以釐清自己對這件事產生的擔憂和焦慮，其實都是源自那些不曉得是否爲事實的假設。現在就讓我們換個角度，來看看上述的這些情況。當處於關係緊繃的狀態下，是人與人相處時本來就可能出現的正常狀況，無關乎公平性？會不會後來檢查結果顯示，這個健康問題沒有你想像中的嚴重，不會對你的能力造成影響？另外，你根本不清楚屆時其他人會怎樣看待你的成果，或是你的老闆是不是很看重這個案子。畢竟，我們永遠都無法眞正預見未來會發生什麼事。在這裡我要說的是，我們在碰到事情時，總會妄下結論，然後讓這些結論把自己搞得一團亂。

你在遭遇困難時，又用怎樣的第二支箭射向自己？你能看見自己的想法會帶來怎樣的痛苦，會更難化解原本的主要問題嗎？你會如何重新考慮或應對預設的假設？一方面，你可能會準確預料到需要擔心的事，但另一方面，你也可能只是杞人憂天。或許你會在完成案子的過程中得到其他人的協助，或是可以想想自己過去成功完成過的類似案子，藉此爲自己建立信心。也許那個惹你不開心的人並非有意傷害你，或是他只是那天過得不太好。**停止對自己射出第二支箭的舉動，可以大大降低不必要的壓力，幫助你心平靜氣地面對困難。**

正如這句俗諺所說：「我在生活中經歷過一些可怕的事，但絕大多數都是自己嚇自己。」以湯姆的例子來說，這裡的重點不是要責備湯姆用第二支箭二度傷害自己，因爲我們都很容易落入這樣的狀態；這裡是要請你記住，「使身、心、靈不必承受非必要的折磨」也是我們對復原力的一部分定義。許多第二支箭對個人造成的影響都是非必要的，它只是我們在面對受挫事件時產生的反應。不過，我們要如何讓心靈擁有閃躲第二支箭的彈性，用比較正面、靈活的方式來應對困難呢？

正念的力量

學習「正念」就是其中一種方法，「正念練習」是強化復原力最重要的工具之一。這個日益普及的方法常跟冥想綁在一起，**但其實最基本的正念，就是**

讓自己的意念專注在當下。如果能做到這一點，就可以區分內心獨白和現實經歷的差異，並明白我們加諸在自己身上的那些罪惡、羞恥或責難根本都是子虛烏有。在正念的過程中，我們會跳脫對過去和未來的執著，讓目光回到現在的這一刻，而此時此刻心中在意的那些事，通常都沒有想像中那麼糟。

我們可以用很多種方式培養正念，但「冥想」是最有效的方法。當我們靜靜坐著，把注意力集中在思緒上時，會眞切地體悟到大腦中一直繞著很多想法打轉。事實上，我們的大腦確實會產生大量的想法，一天最多會產生高達七萬個想法。在冥想期間把注意力放在大腦時，可以讓我們了解到幾件事。

首先，我們會發現想法具有重複性；大腦很擅長一而再，再而三的用相同的模式思考。其次，我們會觀察到想法中常帶有負面的批判，像是「我不喜歡這樣」、「我太胖了」或「這一天一定會糟糕透頂」等。這簡直就像是大腦中住著一個解說員，不停用實況轉播的方式評論自己、環境和身邊的每一個人。這些毫不間歇、此起彼落的想法會把我們拉往各處，無法好好看清眼前的眞相。

不過，透過正念練習，我們也可以明白想法稍縱即逝，就好比天空中的浮雲。它們湧現、飄移，然後又默默散去。有些想法可能就像朵棉花糖雲般輕盈、蓬鬆，有些想法則可能如暴風雨雲般沉重、厚實。問題是，**我們常常會因為執著於心中的想法，而忘了要好好過日子和體驗生活，就這麼任憑自己被想法擺布，讓它告訴我們接下來會經歷些什麼**。如果花點心思留意實際的情況，你就會發現，大腦中的那名解說員常把事情說得是非顛倒。但這件事可不是我說了算，你必須親身體驗，才有辦法了解箇中的滋味。

復原力練習 3-1

撥雲見日冥想法（Open Sky Meditation）

這是一種很好上手的正念冥想方式，你可以常常練習，以提升察覺自身想法的能力。當你懂得脫離負面思想的掌控，讓它們逕自飄過，復原力就會增加。

❶ 找一個安靜的地方，舒服地坐著並閉上雙眼

把注意力集中在你的呼吸上，但不要想去控制呼吸的頻率，就只是靜靜地感受它就好。注意胸部的起伏，感受空氣在鼻腔裡的進出。看看自己能否把注意力持續放在這套呼吸動作上，並留意它帶來的感受。試著完整感受一整個呼吸的過程，好好去體會身體隨它產生的感受。

❷ 現在把你的心智想像成一片天空，無邊無際、遼闊又寬廣

這是一個陽光普照的大晴天，天空看起來宏偉而明亮。當你心中冒出某個想法或情緒時，注意它的動態，並把它想像成在藍天中輕輕飄過的一朵雲。你會看著它出現、飄移，又默默散去。這個想法就這麼輕鬆又自然地飄過你的腦海，就跟天空一樣，你的心智並不會因爲這些浮雲的出沒受到影響。

它依舊會呈現開闊、平靜又廣闊的狀態。

❸ 持續觀察你的想法，把它們當作天空裡的雲朵

正如同雲本來就是天空的一部分，所以想法自然也是你的一部分。不論你的心中產生了哪些想法，都沒有什麼不對。不要想去壓制或控制它們，就讓它們緩緩通過，以不帶批判的眼光在一旁觀察即可。

❹ 如果你發現自己的注意力一直被某個想法拉著走時，請試著把注意力重新放到呼吸上

在某些時候，你可能可以很輕鬆地做到這點，但若碰到某些暴風雨等級的烏雲，可能就要多花點力氣。不過這都不是問題，你要做的就是好好留意這個困難或麻煩的想法，並看看是否能安然無恙地讓它自行通過。你每注意到一個想法，就在那一刻做到了所謂的「正念」。你可以給專注在當下

的自己一點掌聲。

以上就是這套冥想法的整個流程。持續這套冥想至少十分鐘，然後緩緩睜開雙眼。先從一週數次的頻率做起，之後再逐步進展到每天進行冥想。就算你無法撥出十分鐘做冥想，只做幾分鐘也還是能幫助自己。

不鑽牛角尖，換個角度看事情

這是自然界的基本法則：「萬物無常，只有變化恆常。」我們每天都在體驗這份眞理；不論是天氣、身體或想法，我們對這些生活中不可避免的變化都不陌生。然而，生活中遭遇的許多困難和挑戰，其實就是源自我們不願意接受這個重要的事實。我們常常認爲事情會一直保有一定的樣貌，或認爲只要夠努力就可以讓事情保持原樣。又或者，我們會擬定某些制式、不可變動的計畫，而當事情沒按照預期發展時，就會感到心煩意亂。

做個有彈性的人是指：能接受現實的變化並隨時做好準備，以避開各種不必要的痛苦和折磨。遺憾的是，我們所處的這個文化環境在許多面向上，都不斷灌輸我們一個信念，那就是「只要願意付出，就可以避開各種改變和磨難」。好比說，只要願意積極養生，就可以避開所有的疾病；或只要願意砸錢買下那些美體產品，就可以遠離身體老化的命運。但如果冷靜下來好好思考，就會明白所有的人類都很難躲過「改變」這件事，而且這一點萬物皆然。

不過，**人是能夠透過用「不同」的角度看事情，找到面對改變的彈性**。佛教的思想就提供了我們看事的另一個角度，可以讓人清楚看見培養復原力的重要性。「三相」是佛教的其中一條基本教義，它說明了現實人生中不可逃脫的三項特質。

第一相是「苦」，指發生在人生中的壞事和磨難。這是一個基本且無可避免的事實，每個人終其一生一定會碰上一些逆境，只是有的人碰上的頻率特別高，有的人則特別少，但絕大多數人碰上這些艱辛和不幸的頻率都落在兩者之間。也就是說，任誰也躲不過這個第一相的考驗。話雖如此，但當事情的發展不如預期的時候，我們是不是常發現自己無法接受這樣的情況，或是忍不住與他人比較，認爲自己總是比其他人倒楣？接受第一相可以免除這類不必要的苦惱，並賦予自己更多面對人生困難的彈性。

第二相是「無常」，指萬物皆會改變，沒有什麼東西是不變的。我們的身體、人際關係及環境，一直都在變化，這一點也適用在想法和情緒上。但我們能平和又自在地接受這個事實嗎？絕大多數人的答案絕對是「不能」！而且我們對這些變化造成的影響有點雙重標準。一方面，我們想要喜歡的事情一直保有它原本的樣貌，另一方面，又想要討厭的事物盡快變成另一種樣貌。可是這樣緊抓著短暫美好事物不放，又無謂抵抗著持久醜惡事物的行爲，卻會讓人蒙受不必要的痛苦。

接下來的第三相則是「無我」，乍看之下或許會對它有些摸不著頭緒。如果你有興趣，我鼓勵你更深入地去探索佛教的教義，就能夠了解第三相背後更深層的意義。至於現在，就跟其他作者一樣，我會用比較簡化的方式解釋第三相，說它與自我意識強弱有關。換句話說，我們的想法多半會繞著自己打轉，所以常會覺得別人的話、舉動與自己有關。這個第三相的觀念可以幫助我們了解，生活中與自己有關的事情其實非常少。

我將以自己的經驗來闡述這一點。前文曾說過，我生長在一個非常折磨人的家庭。這個折磨來自於我反覆受到家暴，而且這樣的經驗在我心中留下深深的恥辱感。就跟一般孩子常出現的想法一樣，當時我認爲父親會虐待我，是因爲我做錯了什麼，所以才需要爲此受到責罰。不過在我花了幾年的時間構築自己的復原力之後，現在我知道根本沒有理由爲這樣的事感到羞恥。「我」並不是讓自己受虐的原因，那時的我就只是一個無辜又脆弱的孩子，然後不幸成了某個受過嚴重傷害者的發洩對象。

我向各位分享這件事，是因爲它能清楚說明，**當我們認為自己是某些人做出某些舉動的原因時，會對自己帶來多麼深遠的負面影響**。這是比較極端的例子，那麼接下來就讓我用比較日常的例子來說明第三相的概念。

想像一下這個情況：你與某位同事共同負責一件案子，然後他傳了一封訊息給你，詢問案子的進展。假如你之前和這位同事的關係有些緊繃，看到這封訊息時，你就會先入爲主的認爲他是在指控你進度落後。你會覺得自己受到攻擊，並激發體內的戰鬥／逃跑／定格本能。在你察覺到這件事之前，焦慮、恐懼和憤怒的情緒都會悄悄支配行動。你會用充滿敵意的口吻回覆他的訊息，而此舉只會讓你們之間的關係變得更加緊繃。很快地，怒火就會隨著一來一往的訊息延燒開來，不但讓整個案子的進度延宕得更嚴重，還會讓彼此間的敵意更爲強烈。

可是換個角度想，會不會當初這位同事傳訊息給你，單純就只是想要了解進度，不帶任何指控意味呢？會不會他發這封訊息的原因與你無關，單純只是他對自己能否完成這份案子感到恐懼和沒有安全感呢？當你覺得自己受到傷害、不受尊重或被忽視時，請你提醒自己好好想一想，因爲你正以一種以自我爲中心的角度看事情。如果你能停止這樣的看事角度，並把這件事看成不是在針對你，一切會有什麼不同？

花一點時間去反思佛教教義的「三相」，你或許會開始明白，許多苦痛都是源自於被忽視的這三項基本眞理。當然，我們每一個人都有過這樣的經驗，因爲人的大腦很擅長說故事。只不過我們對自己說故事時有個壞習慣，就是會扭曲現實。因此，在這裡我要把「三相」的意義稍微統整，讓你可以更輕鬆地把它們的意義謹記心中，並運用它們來增添復原力，如下：

- **發生在人生中的壞事和磨難：**如果我認爲某些困難不應該發生在自己身上，我可以提醒自己，苦難是每個人生活的一部分，所以它本來就涵蓋在我們的計畫之中。
- **萬物皆會改變：**如果現在正身處困境，我可以提醒自己，這個情況並不會永久不變。
- **「我」不是問題的中心：**舉例來說，當孩子爲了我不買給他最新的電腦遊戲，說我是世界上最差勁的父母時，我會理解他的這句話並非是針對我個人，它只是表達了青少年和父母在相處上的和睦程度。

復原力練習
3-2

慈愛冥想法（Loving-Kindness Meditation）

透過觀察自己的想法，以及用不同的視角看待痛苦和磨難等舉動，以增進復原力時，你或許會很想要嚴厲地批判自己。例如：「我憑什麼覺得我會對痛苦不為所動？」「我是不是太自以為是？」「這件事是我的錯，還是完全不關我的事？」等。這是人之常情，我們本來就很容易用批判的角度去看待自己和其他人的舉動。這個訓練可以幫助你跳脫批判的角度，用慈愛的態度去看待自己和其他人。

❶ 自在地坐著，輕輕閉上雙眼

緩緩地深呼吸三次，讓身體的緊繃之處隨著每次的吐氣放鬆。把你的注意力向內收攏，允許自己將日常的忙碌和煩惱先擱置一旁。

❷ 在腦中想一個跟你很親的人或寵物，想像他們就站在前方

望向他們可愛的容顏，看著他們的雙眼展露微笑，並在心中默念這些話（你可以先反覆朗誦這些文字，直到把它們背下來為止）：

願你快樂。

願你身心健康。

願你一切平安。

願你活得自在。

❸ 現在在腦中想一個普通的朋友

你對這個人沒有什麼正、負面的感受，但你們都希望能擁有復原力和幸福。

請在心中默念這些話：

就如我所願，願你快樂。
願你身心健康。
願你一切平安。
願你活得自在。

❹ 現在在腦中想一個跟你關係不太好的人

這個人可能是你的同事、鄰居、家人、朋友或任何人。即便你對他的感覺不太好，還是請你在心中默念這些話：

就如我所願，願你快樂。
願你身心健康。
願你一切平安。
願你活得自在。

5 現在請你想像，你送給自己相同的溫暖祝福

願我快樂。

願我身心健康。

願我一切平安。

願我活得自在。

你甚至可以想像自己將同樣的溫暖祝福，送給社區或地球上的每一個人。

6 再深呼吸三次後，就可以睜開雙眼

做完這個冥想後，花一點時間確認自身的狀態，留意想法和內心的感受。儘管現在看來，這樣的慈愛態度很刻意，但一段時間之後，我們就會在這套冥想的幫助下，養成用更寬容的態度對待自己和他人的習慣。

轉念並接受改變

正如我們在本章開頭所說的，復原力中的「彈性」是指能用新角度去看待事物的開闊心胸，「接受改變」能從很多面向幫助我們。首先，它會把我們不必要的擔憂、煩惱、沮喪、憤怒和責難降到最低。這不是一件小事，一旦我們能看清生活的面貌，就能用更有彈性的態度去處理和決策各種狀況。這就跟我們與海浪相處的模式有點類似：如果想要壓制或無視這些海浪，我們很可能會徹底被它們吞沒。但如果懂得乘著它們的波動活動，海浪反而可以讓我們更敏捷地行動。承認改變是一種常態，雖然會讓人覺得自己很容易受到傷害，但同時也會給我們一個可依靠的穩固基礎。畢竟，如果我們一直懷著失眞的信念過日子，一定會一次又一次地對現實感到失望。

其次，當我們接受改變這個事實，看事情的方式就會從「定型心態」（fixed mind-set）轉變成教育學家卡蘿・德威克（Carol Dweck）博士所說的「成長心態」（growth mind-set）。在「定型心態」之下，我們會覺得每個人的能力都是在生下來時就決定好的，所以有些人的某些能力才會比其他人優秀。當然，每個人的先天能力確實會有所不同，但這樣畫地自限的心態會讓我們失去努力的動力，限制潛能。

「接受改變」會提升我們看事情的彈性和廣度，賦予我們更多面對事情的選項，像是設法增進自身的才能或學習新技術。這些轉變都能讓我們跳脫原本的無力感，以樂觀、充滿希望的態度面對挑戰。

接受改變對我們的第三個重要影響是，不會再花那麼多時間糾結在沒做好的事情上，而是會花比較多的時間去關注正面的成就。我們太常覺得生活中的每件壞事都是自己的錯，的確，懂得自我檢討並從錯誤中學習是很重要的事，可是萬一沒拿捏好分寸，就可能會變得過於執著缺失，看不見自己的優點和成就。**想要獲得復原力，我們必須將內心的那個批判者化敵為友，讓它從尖酸刻薄變得慈愛寬容**（這部分的內容會在第七章中討論）。當我們把目光從自身缺點轉向優點後就會明白，其實面對每一個挑戰時，都可以運用自身的優勢去克服，重拾活用它們的能力，利用優勢去度過眼前和未來的各種阻礙。

現在讓我們來看一個例子，這個例子可以讓人了解，只要改變看事情的角度，就能將面對危機時產生的初始反應變得和緩。就算我們面對緊急情況時的第一反應是恐懼或憂慮（相當合情合理），但在事後改變看事情的觀點，還是能讓一切有很大的不同。

羅伯托的生活充斥著許多令人煩心和焦慮的事情。他是一名單親爸爸，有兩個正值青春期的孩子。最近他換了一份新工作，本來他以為這份工作會比較輕鬆，但上班之後，他才發現自己還需要負責許多出乎意料之外的職務。某個星期四夜晚，他接到一通電話，對方告訴他，他年邁母親的家燒毀了，當下他只覺得驚恐萬分。他帶著兩個兒子抵達現場時，看到他母親就像個十歲的孩子一樣不知所措。

但當羅伯托將母親帶回家照顧時，他們又很慶幸這場火災沒有傷到任何人；他們相互擁抱在一起，並揶揄著她此刻的面容看起來很受傷。雖然他母親一直很重視自己的獨立性，但她和羅伯托都知道，此刻住在一起是最好的辦法。他們一起歡笑、相互依靠和隨遇而安的能力，幫助他們順利度過了這場巨變。現在他有更多時間和母親相處，看著他的兩個孩子跟奶奶變得更親，而母親也能稍微幫他打理家務，這一切都讓他的焦慮感減輕不少，最後他也終於解決了新工作的各種要求。

羅伯托的故事告訴我們，改變看事情的角度，把一場災難簡單看成是要適應的一個變化，可以幫助我們重新站起來，並打開眼界，看到新的可能。

彈性的另一個好處是能讓我們意識到，在這條艱辛的道路上，並非只有獨自一人孤軍奮戰。我們常會覺得其他人似乎都沒碰到自己遇上的狀況，或是認爲老天發給我們一手壞牌，但就如「三相」的第一相提醒我們的，每個人都有各自要奮鬥的難題。羅伯托的故事讓我們看到，有時候意外的逆境，還是會存有一線希望。在這個例子中，是他們在需要幫助時得到了其他人的幫助，而且花時間與那些對我們意義重大的人相處，也可以減輕負擔。一旦能接受生活的改變，我們就能壯大自身的復原力，寬恕自己和他人，放下成見，敞開心胸去尋求新的解決方法。

請記得，一定要用這樣深刻的角度去看待生活，並明白我們有能力重塑自己看事情的角度，即便需要極大的勇氣。不過，每個人內心深處都有源源不絕的勇氣，它永遠是我們最堅實的後盾。

復原力練習
3-3

回憶「突破困境」的成功經驗

我們很常把思考的重點放在如何做出不同的表現，或是如何可以做得更好。我們經常責罵自己，並輕忽付出的種種努力。在這個訓練中，它會督促你去看看自己曾經做得很好的地方，並讓你在面對逆境時，能以更有彈性的角度來看待處理危機的能力。

❶ 請待在一個安靜、舒適，且不會被打擾的空間

這是一個以書寫方式進行的訓練，請準備好你的日誌或其他書寫文具。

❷ 回想你過去遇過的重大關卡

這道關卡可能是一場大病、失去一段重要的關係、丟了工作、意外、接下照顧家人的重責大任，或是任何一件你腦海浮現的困難。你在回想這些過去的情境時，請思考下列問題，並將答案寫在日誌上。

- 你運用了哪些資源克服這個困難？
- 你向哪些人尋求過協助或支持？
- 你利用過以下的哪些優點？包括：熱愛學習、耐心、決心、解決問題的能力、創造力、幽默感、領導力、人脈、同理心、勇氣等。

回顧這份經驗，並回答以下問題：

- 什麼部分讓你覺得感激？
- 這當中有哪些你覺得可以寬恕自己的部分嗎？
- 你覺得從中學到的最大教訓是？

❸ 根據你列出的優點，用文字以另一個角度去敘述這段經驗

寫下這些優點如何影響這段經驗的結果，使你能夠克服困難，或用更快的速度化解困境。

現在想想你在這份練習中寫下的優點。你可以把這些優點應用在最近遇到的挑戰上嗎？藉由用新的角度去重述過去面對過的困難，你心中的復原力也會從自己的優勢和機智上得到補給。這樣一來，你不但可以更了解自我的眞實能力，也可以建立更多自信和穩定性，爲面對下一波挑戰奠定堅實的基礎。

本章重點

- 痛苦和創傷由兩支箭構成，雖然我們無法掌控第一支箭，但對第二支箭卻有相當大的掌控力。
- 正念能讓我們明白想法稍縱即逝，且大腦會自己編造一些不見得與事實相符的故事。
- 透過冥想，讓自己用不帶批判的眼光來觀察想法，這可以讓我們脫離這些想法的掌控，不再任它們擺布。
- 「三相」提醒我們，苦難是生活的一部分，萬物無常，生活中的許多事情其實都不是針對自己或個人。
- 我們受的許多苦都是來自於把事情歸咎到「自己」身上，但有時候，這些事情或許是別人要負比較大的責任。
- 提升內心的彈性可以壯大復原力，讓我們用不同的角度看事情，並看見自身的優勢。
- 雖然我們常會覺得，其他人似乎都沒碰到自己遇上的狀況，但實際上每個人都有要奮鬥的困難和挑戰。

第四章

加速行動的毅力

有時候，在生活中面對的挑戰比較像是一場馬拉松，而不是一趟短距離的衝刺。如果我們是個有彈性的人，就能耐住性子與難題長期抗戰，不會想要靠蠻力一次解決它。復原力給了我們繼續向前的耐力，能不屈不撓的走過各種阻礙，而這些力量又會回過頭賦予我們更多的復原力。謹記心中的目標，擬定實際的計畫，並一點一滴落實每個步驟，都是養成毅力的重要策略。用慈愛的態度對待自己，也是重要的一環。

恆毅力，堅持到底的力量

「毅力」可說是行動的靈魂。換句話說，當對自己的能力有足夠信心，有辦法度過此刻所面對的困難時，我們就能堅持不懈。就某種程度來說，毅力是每個人與生俱來的基本技能。不過，它也是一項可以靠後天精進，用來增添復原力的能力。

雖然我們常會對與生俱來的天分和才智感到驚嘆，並認爲它們是造就一個人成功的關鍵，但史丹佛大學的研究員安琪拉．達克沃斯（Angela Duckworth）博士卻始終提倡「恆毅力」（grit）這個概念。她把「恆毅力」定義爲，朝向對你別具意義的長遠目標而努力奮鬥、持續前行的熱情和毅力。天賦固然重要，但努力更是重中之重。

不論我們多有天賦，如果對此毫無自覺，無法好好地運用它們，那麼這些天賦就會被浪費。我們之所以能夠達成長遠的目標，都是憑藉著毅力、熱情、勇氣和耐力的合力支持。在許多研究中，達克沃斯和其他學者皆證實，比起與生俱來的天賦，爲長期目標持續努力的行動，才是提升成功機率的關鍵。因此，**她要我們記住「天賦固然重要，但努力則加倍重要」**。

恆毅力和毅力之間的關係如果稱不上是同卵雙胞胎，也算是關係親近的堂兄弟，兩者皆與「行動力」（agency）有所關聯。我所說的「行動力」是指，我們知道自己「能」做什麼事去影響整個局勢的結果，而不是一直執著於無法做到的事情。不管我們面對哪些挑戰，行動力都是驅動我們不斷前進的動力。畢竟，唯有相信自己有能力去完成某件事，才會願意爲它付出。

恆毅力也與正念和成長心態有關，這兩個概念我們在第三章已討論過。如果我們能有一個不被框架的心態，如果我們能運用正念提醒自己，萬物無常、任何阻礙都只是一時的，就能克服各種挫折。換句話說，你爲增進心靈彈性做的某些努力，其實也會同步強化毅力。

找到內在動機，才能發自內心努力

幾乎每一位成功、有名的人，都曾經歷過一段與放棄拉扯的搏鬥。希奧多·蘇斯·蓋索（Theodor Seuss Geisel）的第一本書，在出版前曾被退稿二十七次（你大概會對這位作家的筆名比較熟悉，他的筆名叫做蘇斯博士）。湯瑪士·愛迪生（Thomas Edison）在發明燈泡前，曾歷經兩千次的失敗。還有知名脫口秀主持人歐普拉（Oprah）、好萊塢喜劇演員傑瑞·史菲德（Jerry Seinfeld）和小說家J·K·羅琳（J. K. Rowling）等名人，都是在遭逢了一些重大挫折後才擁有此刻的成就。但是這樣的毅力到底從何而來？我們又如何在遇見各種困難時，發展出持續向前的動力？

有些重要的理論可以提供我們一些方向。首先，是心理學家提出的「自我決定理論」（self-determination theory）。這套理論主張當依照自身的意願採取行動，與他人建立聯結且感受到他們的支持，或覺得自己能勝任這份工作時，我們就會產生動機。在那些因素同時兼具的情況下，如果能發現這個活動本身的價值，而且它還與我們的目的在同一條線上，動機就會達到巔峰。一旦所有的條件都滿足，就會發自內心的想做事，而非硬逼自己去做；這種狀態就叫做「內在動機」（intrinsic motivation）。研究員愛德華・德西（Edward Deci）博士和理查德・萊恩（Richard Ryan）博士，用許多令人信服的證據證明，**擁有內在動機的人不但會比較有自信和努力不懈，他們的表現也會較優秀和富有新意**。相反地，當我們是爲了金錢、獎賞或稱讚之類的外在事物做事時，產生的動機往往就會比較低。

你在考慮爲達成目標付出努力時，或許內在動機會比較能激起你的鬥志。比方說，假如現在你打算減掉去年變胖的九公斤，你的醫師也希望你每月回診，一方面記錄體重，一方面告訴你如果不減去這些重量，會有怎樣的壞事找上你。此舉會令你感到羞愧並產生抗拒，回家之後你大概會立刻吃掉一夸脫的冰淇淋以示抗議，這就是外在動機的影響力。然而，如果你把減重的焦點放在自己身上，想想減去這些重量後你會覺得多輕鬆、會變得多有活力，還有能穿進多少想穿的衣服，你也許就會在這些希望和可能性的驅動下，起身去健身房爲減重付出努力。

由理查德・博雅吉斯（Richard Boyatzis）博士提出的「意圖性改變理論」（Intentional change theory，簡稱ＩＣＴ）是第二種理解動機的方式。這項理論告訴我們，如果想要做到可持之以恆的改變並達成目標，必須對未來有所願景，因爲它會激起我們持續向前的強烈動機。就跟自我決定理論一樣，意圖性改變理論也很重視人與人之間的信任關係，因爲它能強化我們的人際聯結。想要努力不懈的堅持，我們需要有其他人成爲後盾，也需要仰賴自己的優勢，運用機智和智慧去度過一切難關。

外在的肯定也有一定的幫助，可是很多時候我們都得不到這類鼓勵。然而，我們一直都能看見自己現在付出的努力，正與心中的願景越來越接近，這一點可以讓我們從中獲得肯定，並激勵自己往更好的狀態邁進。接下來的練習可以幫助你與未來的自己對話，這個未來的自己會以你渴望成爲的狀態呈現，並引導你走到想到達的目的地。

復原力練習
4-1

遇見未來的我

每個人的內心都蘊藏著無限智慧，只是我們不見得知道取用它的方式。忙碌的生活、社會的期待和自我的批判等，都會遮蔽我們的智慧。與這份智慧建立聯結的其中一種方法，就是與未來的自己對話，即你想成爲的最佳理想狀態。在你覺得自己動機下降、需要強化毅力時，請做這個訓練，它能幫助你順利達成目標。

❶ **坐在一個安靜、舒適的空間裡**

把你的日誌放在手邊，以便在整段訓練結束後寫下相關記錄。閉上你的雙眼，想像戶外風光明媚，而你正愜意地走在一條小徑上。

❷ **想像你走的這條小徑，正把你帶往未來的你面前**

即你漸漸會成爲的那個人。你會在前方看到那個未來的自己，用熱情、快樂的態度歡迎你的到來。

❸ **請注意未來的自己有什麼樣的表情和肢體語言**

例如他的站姿如何？穿著什麼樣的衣服？深深望進他的眼底，把你看到的一切都記在心上。

❹ 離開那條小徑，找一個可以自在坐下，好好聊聊的地方

這時，可以請教未來的自己這些問題：

- 人生中，對你最重要的事是什麼？
- 我要知道些什麼，才能活得充實又有意義？
- 關於目前面對的挑戰，你能給我什麼建議嗎？

❺ 現在想像未來的你，給了自己一份禮物

這個特別的禮物可以讓你帶回去，提醒自己曾經與他碰面，還有提醒自己將來會變成怎樣的人。你收下禮物時，請記得詢問這份禮物的特殊意義。

❻ 謝謝未來的你與自己分享智慧，並以覺得合適的方式和他道別

重新踏上先前把你帶到他面前的那條小徑，循著記憶中的畫面，走回一開

始出發的地方，讓自己回到現在。等你調整好狀態，就可以緩緩睜開雙眼。

7 趁著記憶猶新時，盡可能詳實寫下你和他相遇的收穫

- 他對你的提問給了怎樣的答覆？
- 他給你的禮物是什麼？有著什麼樣的意義？

你很可能會從這個練習中，找到非常受用又可靠的資源。與這份資源建立聯結，可以讓你在面臨挑戰時受用無窮。

想要持續擁有利用這份內在智慧的能力，你需要定期和未來的自己見面。你可以改變你們見面的場景，換成在早上通勤的路上，或是喝咖啡的時候邀請他與你一起暢談心中的各種問題。如果你可以花時間定期和未來的自己見面，你與這位極具影響力的內在盟友就會建立深厚的聯結。吸收他分享的智慧和經驗，讓他成為指引你度過生活難關的導師。

透過宣言，設立明確的目標

如果我們很清楚自己的目標是什麼，並爲它們擬定了計畫，便更有機會達成那些目標，並有助我們在逆境中堅持不懈（這就跟「意圖性改變理論」的主張一致，在上一篇內容中我們曾提到這項理論）。儘管這聽起來很簡單，但有時候我們並不是以這種方式去處理碰到的挑戰。想要讓自己不斷向前走，就必須花點時間來釐清目標。

首先，你一定要確認自己的目標和目的是一致的。換句話說，達成這些目標對你有什麼意義？你打從心底覺得非做不可的理由是什麼？讓自己跳脫當前的狀態，好好思考在人生階段中，對你最重要的事情是什麼，這麼做可以幫助你看清該如何處理眼前的考驗。你設立的目標與核心目的越一致，遇到困難和阻礙時就越能夠設法克服它們。甚至就連碰到不想做卻必須做的事時，也可以利用這個方法來激發動力。

總之，時時謹記自己的目的，就是不斷朝成功邁進的最佳動力。

荻兒想寫小說的念頭已經在心中盤旋了五年。雖然她從小就信奉天主教，但天主教教會的性侵醜聞案和不重視女權的行為，令她感到心寒。她打算寫一個故事，講述一名女性超越重重的阻礙，最後在天主教教會樹立起自己的聲量。這個主題與荻兒本身關係密切，她相信自己有能力完成它，但實際寫作時，荻兒卻發現自己卡關了。即便她對這個主題充滿熱情，但她發現自己常找不到寫作的時間。她也發現自己落入了所謂的「寫作瓶頸」。後來，她決定與家人分享她的目標。在他們的鼓勵下，她開始認真寫作，當她因瓶頸無法集中精神好好寫作時，她的家人會提醒她，想想她寫這本小說的目的，還有它對自己的重要性。最後，荻兒順利完成了她的小說，並開始投稿尋求出版的機會。

在荻兒的例子中，她的目的很明確。她有一個想要傳達的訊息，想要透過這個故事告訴大家。她對這個目的的執著，是支持她長期奮鬥的根基，而且她也找到了能協助自己完成這一切的幫手。不過，並不是所有人都能有這麼明確的目的。

找到你的動力，才能繼續努力

身爲一名執行教練，我發現自己常在幫助學員重新找到其心中最核心的目的，如此一來他們才有辦法繼續朝目標邁進。由於我的學員全是醫師，所以一般人可能會先入爲主的認爲，他們的核心目的應該都繞著照顧病人打轉。遺憾的是，在現代醫療體系的龐雜壓力之下，就算是醫師也會有迷失方向的時候。碰到這種狀況時，**我會建議他們藉由闡述自身的「人生目的」來挖掘最深層的價值**。這些對自我人生目的的敘述，就好比公司或機構的使命宣言，它們可以幫助我們保持專注，並做出最符合核心目的的決定。

舉例來說，我指導的一名家庭醫師就寫出了這樣的宣言：「我是熱情積極、頭腦靈活的治療師，我會客觀地傾聽患者的陳述、了解他們的狀況，並與他們建立穩固的聯結，所以他們都能避開不必要的皮肉之苦，或是不必獨自對抗病痛。」

另一名急診室醫師則寫出了這樣的宣言：「我是睿智又公正的領導者，我會針對難題找出解決之道，所以整個團隊的成員都能合作無間地爲病人減輕痛苦，使對方重展笑顏。」

至於對我自己而言，在經過一番漫長的反思，去揭露和認清童年往事的眞相後，我對自己的人生目的做出了這樣的結論：「我的人生目的就是一直幫助其他人找到和認淸自己。」若用宣言的形式表達就是：「我是可靠的治療師，我會幫助大家找到和認淸自己的眞實樣貌。」

這些宣言能幫助我們保持專注，做出與自身價值相符的決定。現在你也可以動手寫下自己的宣言。想想什麼對你最重要，然後用這個格式寫下你的宣言：我是（請描述你自己），我會（描述你做的事情），所以（描述你做這件事的原因）。

以下是撰寫這份宣言的逐句步驟說明：

1. 「我是……，」這句話請置入一個角色名稱，表達你是以什麼樣的角色實踐心中最核心的目的，並描述你扮演這個角色的方式。

例如　睿智的領導者、有想法的問題處理者、可靠且忠實的保護者和激勵人心的老師等。

2. 「我會……，」說明你在這個角色中做的事情。你可以從「這個角色對你最重要和最大的回報是什麼？」或「你做這份工作最根本的意義是什麼？」的角度去思考。

例如　找到解決方法、從各個角度思考問題、努力保護眾人的安全，以及引導學生自信地看待自己等。

3.「所以……，」聲明你做這件事的原因，作爲這段宣言的結尾。你可以從「工作或人生中的最終目標是什麼？」的角度來思考。

例如 整個團隊的成員，都能合作無間地爲病人減輕痛苦，使病人重展笑顏；來向我求助的人都可以減少心中的煩憂；每個人都能無憂無懼地活著；他們都能事先爲挑戰和機會做好準備。

趕快動筆試試看吧！這沒有所謂的標準答案。當你面對挑戰或難以抉擇的重要關頭時，就會發現這份宣言猶如一盞指引方向的明燈。

開始行動，幫助達成目標

如果要持續朝你的長期目標前進，除了要時時謹記自己的目的，你還需要在這段路上設立一些實際且具體的短期里程碑。不論你想要達成的終極目標是什麼，在我們開始試著爲你的目標擬出行動計畫之前，這裡有幾個你在規劃時，一定要注意的重要元素，包括：

1 列出時間表

假設你打算參加馬拉松或鐵人三項大賽，爲了讓身、心在賽前做好準備，需要列出每週必須跑多少英里，並嚴格落實這份計畫。任何計畫都需要有一套時間表，這樣你才能確保自己永遠知道下一步該做些什麼。同時，它也能幫助你調整腳步。

2 核對待辦清單

你是否注意到，當你完成某件事，並將它從待辦清單上劃掉時，心中會有一種滿足感？這不是你的錯覺——神經科學研究告訴我們，**完成工作並將它從清單上劃掉的這個動作，其實會誘發大腦大量分泌化學物質多巴胺，使我們感到幸福**。設立各階段的里程碑，每完成一項就把它從清單上劃掉，這會帶來很棒的感覺。

3 前進的步伐不必大

在處理一個宏偉的目標時，把它拆解成一系列好執行的小行動，絕對是個好辦法。試著做一些你可以常執行，且能帶著自己慢慢朝向目標的事情，即便它看起來只是一些很微小的成就。與其一直想著長期目標看起來有多麼遙不可及，倒不如問問自己「有什麼事是我今天能做到，又能幫助我往想去的方向移動？」在前篇的荻兒例子中，她或許就會訂下每天寫五百字，或每天早上花一小時寫作之類的小目標。

4 從小地方開始

如果你的目標是跑一場馬拉松，但又不太常運動，那麼你就不可能在第一次練習時，就要求自己跑完全程距離。你需要先擬定一份訓練計畫，從比較短的距離開始練跑，甚至是先用走的，才不會一下子把自己操過頭、傷到筋骨，被迫提早放棄。**從小地方開始可以讓龐大的任務變得比較好掌控，也能讓你從一開始就獲得小小的成就感。**

5 目標要考量到現實

當你的目標有考量到現實環境，並讓它符合生活條件時，就能將毅力發揮到淋漓盡致。這並不表示你不能做一些跳脫舒適圈的挑戰，像是寫一本小說或存一筆錢。只不過，假如你有三個不到十歲的孩子，又有份忙碌的全職工作，這樣的目標恐怕就不太適合你當下的條件。相對地，這個階段你何不先在週末安排一場有趣的秋日親子野營活動，說不定還可以因此獲得一些以後可供寫作的素材。**我們的目標本來就會因為處於人生的不同階段而有所不同**，所以這樣的安排非常好。

復原力練習
4-2

擬定加速計畫

若要保持達成目標的動力，我們需要知道目標對自己的重要性。達成目標的過程中，難免會碰到一些必須權衡取捨的狀況，這個時候我們要放棄某些事情，才能把注意力集中在最重要的事情上。明白哪些東西很重要，能讓抉擇變得比較簡單，使我們不會因干擾而偏離目標。這個訓練可以幫助你將這些最在乎的東西，變成達成目標的起點。請回答下列問題，並把答案記錄在日誌上。

❶ 思考自己的價值

想一想，你在狀態最好的時候，會展現出怎樣的特質（例如誠實、正直、長進），並回想一下，在過去的這段日子裡，你曾對自己在哪個時刻做出的舉動感到特別自豪。這可以是任何一個你覺得自己閃閃發亮的時刻，它的背景可能是來自你在職場或家庭中發生的事件。花一點時間列出在這個事件中，你最在乎的東西是什麼。

❷ 找出一個你想達成的目標

要實際、有辦法達成，且可以讓你繼續朝在乎的方向前進，接著寫下這個目標。

❸ 現在，請對自己發問

- 這個目標對我有什麼重要性？
- 我一心追求這個目標的原因是什麼？
- 這個目標與我在乎的東西，有在同一條線上嗎？
- 若要達成這個目標，我要少碰哪些事？我要對哪些事說不？

範例 貝絲很在乎她的工作；她最驕傲的時刻是在預算不足的情況下，規劃出一場成效超乎預期的宣傳活動。在這個事件中，她最在乎的是「創意思維」、「團隊合作」和「接受挑戰」。辭掉工作並自己創業，是她想要達成的目標。這件事對她而言很重要，因爲她喜歡有創造力和挑戰性的工作，如此一來她就有更多機會從事這類工作。

4 擬定一份行動計畫

- 你需要採取哪些小行動來提升達成目標的機會？請列出這些行動。
- 你要在哪些時候採取這些行動？請列出時間表。
- 你今天會採取哪一個行動？明天呢？

範例　爲了達成她的目標，貝絲需要透過良師益友尋找方向。她列出的行動有：找出這個產業中的佼佼者並與他們聯繫，以及建立一套幫助她展開新事業的人脈網絡。

5 列出能幫助新行動的習慣或作為

範例　貝絲決定從下個月開始，每天都利用午休時間尋找業界的翹楚，並固定在早上寄電子郵件給想碰面的人。

千萬別忘了，就算目標再大，現在所做的每一個小小決定和行動，都能讓自己更接近成功。

接受人生的阻礙

人生會從各個方向拋出許多突如其來的難題，我們或許會在毫無心理準備的情況下，不得不面對一場重大的人生考驗，譬如：年邁的雙親需要人照顧、孩子在學校適應不良、工作上人手不足，或全球疫情肆虐。在這樣的情況下，我們該如何穩住自己，繼續努力不懈地朝目標前進？

努力不懈不代表無視現實。若眞要做到努力不懈，反而要反其道而行：想要克服挫折，必須先接受挫折的存在。提醒自己，人都有偏離軌道的時候，這就是人生該有的樣子，這個舉動永遠能幫助我們堅守目標。想想「三相」的第一相，挫折基本上是人生中必然會碰到的事情。我們也許會認爲此刻是進行某件大案子的最佳時機，但人生或許會替我們做出全然不同的安排。如果你回頭想想人生，大概就會發現，人生旅程並非是一條平路。事實上，我們在攀登美麗山巒的路途上，多半會走過一些地形崎嶇的路段。一開始，可能沒料到路途會這麼險峻，也沒有人告訴我們這件事，但無論如何，都必須橫越這個路段，才有辦法到達想去的地方。

只要學著「接受現實」，就能朝目標邁進一大步。我們可能會花很多精力在抗拒或抱怨某些事，像是個人特質、情緒問題或身體不適之類的內在因素，或者是時機不好、處境艱困之類的外在因素。這個舉動會讓我們感到憂慮，在腦中不斷回放已經發生的事件或對話，使整個人深陷在挫敗的狀態之中。在接受這個情況之前，我們只能被困在這個圈圈裡，無法靠著毅力繼續向前。

接受與承諾療法（acceptance and commitment therapy，簡稱ACT）很強調這個概念，這套療法主張要實現人生中最重要的部分，必須先接受人生的真實樣貌，並與它帶給我們的一切和平共處。做到這一點後才能理解，人生充滿了需要做出抉擇的時刻。

「毅力」會在你和問題正面對決時派上用場，它能讓你做出與心中目標相符的決定，並降低掙扎和痛苦。下頁的例子就說明了這一切。

潔欣塔是個成功的時裝設計師，但在她的腿因一場車禍久痛不癒後，她的工作就停擺了下來。她看過許多醫生，也試過許多藥，但那股疼痛依舊不見好轉。有時候她會覺得她的腿好像好了，沒有任何不適的感覺，但有的時候，她又會覺得她的腿好像被人用老虎鉗掐著，疼痛難耐。她一直活在不知疼痛何時會出現的恐懼之中，擔心它哪一天又會突然找上自己。她常常告訴自己，唯有疼痛徹底消失，她才有辦法繼續在事業上衝刺，但這句話反過來說就是「我沒辦法做任何有用或快樂的事，因為我的疼痛沒有消失」。

在做過「接受與承諾療法」後，潔欣塔意識到她的很多想法都放大了自己的痛苦，而此舉也讓她陷入了過度在意疼痛的生活中。她發現，她的腿痛雖然是一個很沉重的負擔，但只要接受它所帶來的不確定性後，就能以比較自在的態度去追求事業。要做到這一點不容易，但接受這個事實能幫助她做出選擇，而這些選擇都能使她繼續朝心中更深遠的目標邁進。她開始明白，在登上象徵目標的美麗山巒前，這股疼痛就像路途中會碰到的崎嶇地形。

潔欣塔所做的，不僅僅是學會與身體疼痛和平共處，也放下了人生應該以某種方式進行的執念。就某種意義來說，她正慢慢走出否認自身現實處境的狀態，並走入眞實的生活環境。這樣做不表示她放棄了擺脫疼痛的希望，反倒是給了她繼續與疼痛奮戰的毅力；接受事實可以讓她不再把力氣花在自怨自艾上，轉而用這份精力來設法減輕腿部的疼痛，「同時」持續追夢。也就是說，她此刻的盼望和人生目標在同一條線上了，這有助於她在逆境中持續奮鬥。

想想奮力對抗現實卻無法達成目標的時刻，我們每個人都有這樣的時刻。就我而言，我花了好幾年的時間與過往的經歷搏鬥，不停告訴自己人生有多麼不公平，想著如果童年沒碰上那些事情，我的人生一定會變得很棒。一直等到我面對現實，接受「無法改變過往」的事實後，我才不再爲此糾結，能夠眞正敞開心胸去擁抱生命中的衆多美好事物。

在本章的尾聲，我想要提醒你，**當你在追求某個很重要的事物時，一定要堅守目標、奮鬥到底**。秉持著這個精神，你就能開始做下頁的復原力練習。

復原力練習
4-3

確立每天的意向

你大概對新年新希望不陌生，這些目標大多相似，只有做到和沒做到這兩種情況。那麼萬一你沒做到，心裡肯定不會太好受吧？要提升毅力，比起設立目標（goal），你更需要確立意向（intention）。不管你想朝哪個特定的目標前進，意向都可以幫助我們看見前方的道路；這個目標可以是減重，也可以是更廣泛的目標，例如用更寬容的態度對待自己和他人。

意向之所以能提升毅力，是因為它能幫助我們把注意力集中在對的地方。沒有意向，注意力很容易就會偏離目標，受到各種干擾的吸引，像是上網、看節目或與同事聊天，進而無法完成該執行的計畫。意向會讓我們堅守目標，提供要努力的方向，把注意力集中在最重要的事情上。意向會幫助我們努力不懈地朝渴望的目的地前進，並克服一路上出現的各種阻礙。

這個練習將幫助你確立每天的意向。若時間允許，你可以把這個練習當作每天起床時做的第一件事，如果時間不允許，你也可以在坐公車、搭捷運或開車上班的路上做這個練習。整個練習只需空出兩到五分鐘不會被打擾的空檔（你也可以在日誌上做這份練習，或直接在腦中完成這份練習也無妨）。一旦確立了意向，你就會堅守心中最在乎的東西，並竭盡所能地完成各項目標。

❶ 首先，思考下列問題

- 在目前的人生階段，你最在乎的是什麼？
- 什麼事情會讓你發自內心並感到開心？
- 是什麼東西支持著你，並給予人生的意義？

❷ 牢記上述問題的答案，然後想一想今天你能做些什麼事情，來滿足這些重要因素

一開始，你大概會先從待人處事的態度下手，以它作爲當日的意向，例如：用更友善的態度待人、少對孩子或伴侶發脾氣、心懷感恩、成爲他人的好榜樣，或用更寬容的態度對待自己。

或者，你的意向也可能是非常具體和實際的事情，例如：讓家裡更乾淨、在日常生活中安排更多鍛鍊體能的活動、少吃甜食、多多行善，或是經常冥想。

當日結束之際，請檢視你設下的意向，仔細想想當日的所作所爲，是否有滿足那些意向。假如你錯過滿足那些意向的機會，請不要爲此批判自己，只需要盡力而爲即可。如果你願意，可以把這部分的內容記錄在日誌裡。

雖然目標是一個著眼未來的概念，但意向著眼的卻是當下的每個瞬間，而這也正是意向的奧妙之處——我們可以馬上滿足某個意向，讓自己立刻感受到朝目標前進的成就感。意向絕對不是扯後腿的壞傢伙，它不但能提供讓你改變的正向動機，還能成爲迷途時的燈塔。

本章重點

- 要擁有行動的毅力，我們一定要建立和保持動機。
- 雖然社會給我們的觀念是「天分和才智是造就成功的最大關鍵」，但實際上我們應該記住「天賦固然重要，努力更是加倍重要」。
- 如果你能發現這個活動本身的價值，而且它還與目的在同一條線上，動機就會達到巔峰。一旦滿足所有條件，我們就會發自內心而非硬逼自己去做。
- 把任務拆解成數個細小的行動是關鍵。問問自己：「有哪些行動是我今天能做到，又能幫助朝目標更前進？」
- 接受自身的現實處境，能讓我們不再把精力耗費在抗拒或抱怨某些事上。
- 確立自己每天的意向，能幫助堅守目標。

第五章

臨危不亂的自我調節力

人生不只是步步爲營就好，就算做人處事再怎麼小心，狀況還是會不時如海浪朝我們襲來，想法和情緒也會如脫韁野馬般不受控制，這些都是我們必須設法處理的部分。在面對這麼多等待處理的情況時，若想臨危不亂，就必須懂得調整自己的步伐，及學習應對人生各種挑戰的方法。在本章中，我們會探討自我調節的方式，它們能幫助你保持冷靜、度過難受的情緒，並將你的能量導往正向的方向。

培養調節情緒的能力

在前一章，我們知道了按照自己的意願展開行動，會擁有最強的動機。即便我們無法控制人生會出現哪些意外的阻礙，但「一定」可以選擇自己應對它們的方式。我們很常忘了這個純粹的事實：不論面對的情況是什麼，一定都得用片刻的時間做出選擇。常有人引用這句話來說明這一點：「在刺激和反應之間存在著一片空間，這片空間賦予我們決定如何反應的自由和權利，而反應則決定了我們的成長和幸福。」

然而，我們卻常常因爲過於忙碌，對這些抉擇點視而不見。我們忙著壓下燃眉之急、忙著處理各種困難，還忙著面對一大堆會令人陷入恐慌的情緒。這可能會讓我們覺得所有的一切都失去掌控，感覺生活才是我們的主人，變得無法再主宰自己的生活。如果擁有復原力，就能擁有更強大的自我調節能力。我們可以暫緩手上的動作，移除遮蔽視野的眼罩，讓自己看見那個做出選擇的瞬間。透過決定下一步該怎麼做能展現行動力，下列的例子就說明了這一切。

傑克，四十七歲，是一名外科醫師，他來找我尋求指導的原因，是因為他常常在手術室裡情緒暴走。儘管他是一位受人敬重的外科醫師，但他跋扈、不得體的說話方式卻讓他收到多名護理師的投訴。有一次，有位剛結訓的護理師被分派到傑克的手術室，這位護理師之前就一直很想進手術室工作。不過，就在這名護理師努力準備傑克所需的手術器材時，傑克對她大吼：「妳怎麼會覺得自己有資格進我的手術室？」這名護理師瞬間就流下了眼淚，然後跑出了手術室，整個人大受打擊。

幸好，傑克有意讓自己變得更好。我請他留意自己的情緒變化，注意當憤怒和挫折感湧現之際，身體會出現怎樣的警訊。這需要花點時間練習，但傑克慢慢注意到，在怒氣湧上心頭時，他的呼吸會變淺，臉會開始發熱。另外，他也注意到，他全身的肌肉都會變得很緊繃，就好像要大打一架般。一旦他懂得辨

認這些跡象，他就能針對憤怒採取行動。後來，他控制情緒的能力進步很多，與他執行困難手術的高超醫術不相上下。

你大概會以爲傑克是個莽撞、粗線條的外科醫師，但事實上他是一個非常有愛的人，看重仁愛和尊重等面向，他只是不曉得該如何調節自己的情緒。在壓力之下，傑克難免會湧現一些情緒。雖然他大學畢業後已經在醫界打滾了十一年，期間更接受過無數的醫學訓練，但是這些訓練幾乎都沒有討論到自我調節這方面的知識。再者，過去他也沒意識到，當自己的情緒失控時，會對周遭的人造成怎樣的影響。不過，當他讓自己的行動與價值觀相符時，情緒暴走的頻率就大幅降低了。

實際上，傑克提升自我察覺能力的舉動，正是提高「情商」（emotional intelligence，簡稱EQ）的第一階段，**所謂的「情商」就是一個人理解和調節情緒的能力**。心理學家暨科學期刊專欄作家丹尼爾・高曼（Dan Goleman）博士，就曾在其暢銷著作《EQ》一書中介紹這個主題，討論它爲何如此重要。他解釋，培養情商不是爲了逃避情緒，而是爲了讓我們有能力去消化各式各樣的情緒和經歷，這當中也涵蓋了那些比較艱難的時刻。有了這份能力，我們就能依據自身的價值觀和目標去選擇行動的方式。換句話說，**提高情商時，我們並不會變成一個沒有情緒的人，而是會變成一個能更靈活應對情緒的人**。即便是在情緒滿載的狀態下，情商仍能賦予我們自我調節的能力。

許多人之所以沒有良好的情商，是因爲這個社會一直提倡「避免情緒化」，或者是告訴大家可以有哪些情緒，又不該有哪些情緒。甚至就連「你好嗎？我很好。」這種習以爲常的日常對話，都可以看出人們的日常互動有多麼不看重情緒的表達。我們也很常聽到一些與情緒有關的語句，而且它們通常都帶有否定情緒的意涵。諸如「兄弟別哭」、「我們家不歡迎臭臉人，回你的房間，等你能笑臉迎人時再出來」，或「克服它就對了！」等，這些話相信你我都不陌生，也因此我們慢慢學會了壓下自己的情緒。但是，如果能更自在地與自己的情緒共處，不論是在家庭或職場、親密關係中或與陌生人相處時，你會發現自己變得不容易被情緒牽著鼻子走。

如何才能做到這個境界？以下的三大原則可以幫助我們，包括：

1 了解你的觸發點

知道什麼事情會觸發強烈的情緒反應後，才有辦法提升情商。很多事情都會觸發情緒，但特別常見的觸發點有：

- 覺得有人不尊重我。
- 感覺沒人好好聽我說話。
- 沒人注意到我的需求。
- 受到不公平的對待，或看到其他人受到不公平的對待。

即便是在最好的家庭環境中長大，還是有許多人在童年經歷過這些觸發點。當時的我們天眞又脆弱，需要靠父母滿足自我的需求，可是他們不見得總是能做到這點。長大成人後，生活環境可能會把我們帶回那些脆弱的時刻，然後過去的那些情緒可能也會像以往般朝自己襲來。

2 善待自己

說到打造復原力，用慈愛寬容的態度對待自己，是我們要持續關注的重點，所以，請一定要把這句話謹記心中：「善待自己。」雖然受某事觸發的強烈情緒可能會使自己很痛苦，但會有這些情緒並不是本身有什麼問題，而是因爲情緒本來就是人的一部分。**請記住，要控制的是反應，而非情緒本身**。

3 明白情緒終將過去

還記得我們在第三章提到的「三相」嗎？第二相所說的「萬物無常」，對情緒來說格外貼切，因爲它們通常都會在一兩分鐘左右過去。如果你記得這一點，當情緒湧現時就會比較有安全感。儘管這些情緒可能會很強烈，強烈到我們忍不住懷疑自己是否挺得住，但如果站穩腳步，靜靜旁觀，終會看見它們慢慢從內心中散去。

在強烈的情緒湧上心頭時，我們需要有一些工具幫助穩住自己。下頁的練習會告訴你，如何運用呼吸穩住當下的狀態，讓情緒沒機會牽著你的鼻子走。

復原力練習 5-1

穩定情緒的S.T.O.P.技巧

有時候情緒會產生非常大的影響力，不但會把人壓得喘不過氣，還會蒙蔽判斷能力，使我們很難正確地評斷眼前的狀況。也就是說，我們會失去看清現況的能力，無法爲後續的行動做出最佳選擇。想要重獲看清現況的能力，爲自己做出最合適的決定，「平息情緒風暴」是首要之務，如此一來，才能讓自己從旁觀者的角度，冷靜看待眼前的狀況。不妨勤練這套S.T.O.P.技巧，當你覺得情緒不受控制時，它們就能派上用場。

練習時，請在心中想像一個令你感到壓迫的情境。千萬不要選一個會讓你壓力破表的情境，以十分爲滿分來說，請選一個壓力指數大概落在三到五分的情境。請想像此刻你就置身於該情境中，然後依序執行S.T.O.P.四步驟：

S　停止你手上正在進行的所有事情（Stop everything your're doing）

按下行動的暫停鍵，讓自己停在原地，不要輕舉妄動。

T　緩緩地做三個深呼吸（Take three slow deep breaths）

把注意力集中在感受呼吸上，你會感覺身體漸漸放鬆。

O 觀察自己和自身處境（Observe yourself and your circumstances）

想像你宛如靈魂出竅般，從一個旁觀者的中立角度看待整個情況。以富有同理心的角度，去觀察自己所經歷的事情。從這個截然不同的角度觀看這一切，你看到了什麼景象呢？

P 讚揚你所能採取的大、小行動（Praise yourself in any way you can, small or large）

想想自身的優勢，並感謝自己選擇減少壓迫。然後想想下一步該怎麼做，現在你的思緒會比一開始清楚許多。

完成這個練習後，請反思整個過程。問問自己，是否有從另一個角度看待自身的處境？如果有，有發生什麼變化嗎？是否發現處理這個情況的新方法？

從旁觀者的角度去看待整個局勢，是提升自我調節能力的重要工具，因爲我們要保持冷靜才能做出有效的行動。跟做每件事一樣，這項訓練也要花時間練習。從這週開始，試著每週做幾次練習，你很快就會發現自己能對這套技巧運用自如。

學習與「感受」和平相處

情感是人類的核心。愛、悲傷、喜悅、哀痛、恐懼、驚訝和希望等情感，全都是莎士比亞等人在戲劇中討論的內容，但我們卻不太清楚該怎麼和這些感受打交道。我們對悲傷、哀痛、憤怒和恐懼之類的情緒感到不自在，碰到它們時，會把自己武裝起來，只希望這些「負面」情緒能趕快遠離。不過我們對愛、喜悅和歡愉之類的情緒卻敞開雙臂歡迎，甚至緊抓著它們不放，巴不得它們永遠與自己同在。

我們多半不曉得該怎麼好好和自己的情緒相處。不是對情緒戒慎恐懼，竭盡所能地壓下它們；就是任憑情緒凌駕於理智，之後再對當下做出的舉動感到後悔。但是，就如同頁一五三中看到的S.T.O.P.技巧，只要懂得方法，我們還是有機會安然度過強烈的情緒風暴。當你停下手上的所有動作，好好觀察自己的情緒時，就會開始明白它們本來就是人類的一部分。就跟空中的浮雲一樣，情緒一直都是來來去去。**涵蓋在復原力之下的自我調節能力，可以中止我們對情緒的評判，轉而冷靜旁觀它們的存在**。現在就讓我們來看看，常讓人不知如何應對的三種情緒，並了解與它們共處的方法。

憤怒

在所有的情緒中，憤怒大概是最聲名狼藉的一個，許多人都在家中見過不良示範的發怒。我們或許會目睹父母先把滿腔的怒火悶在心中，然後在晚餐或就寢時，爆發嚴重的爭執。在那種情況下，我們根本無法學到管理怒火的好方法，只會有樣學樣地壓抑憤怒，任由它悄悄地埋伏在心中，然後在最不希望的情況下爆發出來。接下來請一起來了解，有哪些對策可以幫助調節憤怒吧！

● 找出使你發怒的因素

了解什麼會使我們發怒，才有機會掙脫憤怒的束縛。通常發怒都會有一些具體的因素，譬如，充斥著大量暴力畫面的電影、新聞和其他影像，或是睡眠不足和缺乏關注等，都可能是點燃怒火的一部分原因。如果你一直深受易怒的問題所擾，請把自己的心神想成是一座花園，園裡栽種了各種情緒的種子。然後問問自己，是否用太多煩心的新聞和暴力影像，來澆灌那些憤怒和恐懼的種子？是否沒有好好照顧自己，所以讓耐心和理解的種子缺乏滋養？該怎樣做，才能讓仁慈和冷靜的種子茁壯呢？

● 行動前先讓自己冷靜下來

有時候憤怒會伴隨著受到傷害的強烈感受，而這些感受會讓我們立刻萌生報復心理，覺得「你讓我不好受，我也不會讓你好過，我一定會讓你比我還要痛苦」。遺憾的是，冤冤相報的行爲只會造成更多的傷害。和平主義者一行禪師（Thich Nhat Hanh）就曾以「房子著火」來比喻心中的怒火。他說：「如果你的房子著火了，當下最重要的事就是趕快想辦法把火撲滅，而不是去追捕那個你認爲是縱火犯的人。」

換句話說，應對憤怒最明智的辦法就是平息那把怒火。讓自己暫停一下，把注意力集中在呼吸上，是澆熄怒火的好方法。或是，你可以運用S. T. O. P.技巧，以緩慢深呼吸的舉動，去坦承面對此刻的感受。執行S. T. O. P.技巧時，請在心裡默念：「吸氣，我正在氣頭上；吐氣，我正在氣頭上。」反覆這個動作，直到這股情緒消散。

● 避免自說自話

當被他人傷害時，我們很容易會落入一種狀態：在心裡用直白、激烈的言語大罵那個人的不是。可是此舉並不會對那個人產生任何影響，只會讓自己怒火攻心。所以比較好的做法是，等你平息怒火後，找那個人當面談談，好好地告訴他「你不開心」的原因。

恐懼

恐懼對行為的影響力，恐怕比我們以為的還要大。如果你曾稍加留意，就會發現自己採取或不採取某些行動的動機，常是源自於「害怕搞砸事情」、「害怕被責備」，或是「害怕丟臉」等原因。因此在面對恐懼時，請謹記以下幾點，它們能有效幫助你駕馭恐懼。

● 接受它

跟憤怒一樣，恐懼帶來的不安會令人心生抗拒，所以當它出現時，我們只想把自己武裝起來，設法把它驅逐出境。然而這樣的作為只會延長和加劇恐懼。比較好的做法是，與恐懼共處，讓這個情緒與我們同在，並提醒自己，它終將過去。此舉能加快情緒離開自己的速度，降低它對我們的束縛。

● 尋求援助

成年人會逃避面對恐懼的其中一項原因，是因爲恐懼會讓人覺得自己又變成那個蹲在牆角，害怕櫥櫃裡的鬼怪跑出來的孩子。我們會因爲恐懼變得脆弱，覺得自己處在一個危險又不安定的狀態中。安撫驚恐的孩子需要給予他關心和安慰，長大成人的我們在陷入恐懼時，也同樣需要這些。**人際聯結和人與人之間的關愛，絕對是對抗恐懼的最佳良方**。當你覺得自己被恐懼壓得喘不過氣時，請向其他人尋求援助，並務必落實第二章提到的人際聯結練習。

在歷經童年創傷的多年後，夜裡我還是會在恐懼中驚醒，而且常常無法立刻跳脫那些情緒。我會在床上縮成一團，覺得自己很渺小，想要奮力抵抗心中湧現的恐懼。後來我花了好幾年的時間才明白，我對恐懼做出的所有抵抗，其實都成了壯大它的養分。乍看之下雖然有些不合常理，但我最後發現，**與恐懼共處，就是減輕心中恐懼的方法**。跟對待憤怒一樣，我們只需要靜靜旁觀這個情緒的存在，並提醒自己，它終將過去。此舉能加快情緒離開我們的速度，降低它對我們的束縛。儘管用「恐懼你好」之類的話和恐懼打招呼，聽起來似乎有點孩子氣，但這樣的話卻能讓我們不再因爲杏仁核活化，而縮在角落瑟瑟發抖，或是因爲壓力反應讓身、心健康每況愈下。我們會提醒自己可以駕馭它，而不是急著把它推開。就如同告訴小朋友該如何面對恐懼般，我們必須先坦誠面對讓自己難受的事，才能夠好好處理它。

悲傷

悲傷幾乎和憤怒及恐懼相對，相較於後兩種會把我們捲走的情緒，悲傷似乎是一種會把人往內拉的情緒。大多數的人都認爲要跟悲傷保持距離，因爲從小我們就被教導，一旦屈服於它，它就會不斷、不斷、不斷把人往下拖，最後就會變得跟《小熊維尼》裡那隻叫屹耳的驢子一樣憂鬱。但是，悲傷只是我們的另一種情緒，是生活中本來就會感受到的衆多情緒之一。當你感到悲傷時，可以用以下這些簡單但有效的方式來應對。

● 感受它

如果我們想盡辦法避開悲傷，會發生什麼事？我已經見過無數次這樣的例子，不論這個人是受病痛所苦，或是痛失一段重大關係或至親好友，若一味地把悲傷推開，只會侷限體會快樂的能力。同時，在不自覺的情況下，悲傷有時也會以憤怒，甚至是暴怒的形式出現。

● 表達它

別忘了「三相」中的第二相「萬物無常」。換句話說，我們可以提醒自己，這份悲傷總會過去。比起故作堅強，當允許自己悲傷，甚至是好好哭一場，幾乎都能更加平靜和輕鬆地度過情緒風暴。

情緒總是來得令人措手不及。我們都有過在幾秒鐘之內，情緒突然從平靜無波變得驚濤駭浪的經驗。這當中的轉變簡直跟切換開關沒有兩樣。當老闆在你終於要休假的前一天，交給你一份額外的工作；另一半忘了你們的週年紀念日；或孩子不想吃你辛苦做出來的晚餐等情況，都可能讓你的情緒波動如心跳般，瞬間向上飆升。這個反應叫做「邊緣系統劫持」（limbic hijack），知道這個反應的存在對我們有很大的幫助。它會在我們的大腦感覺到威脅，並將「戰鬥／逃跑／定格反應」的本能發揮到極致時發生。在這個時刻，我們的舉動會變得充滿惡意和憤怒，而這通常會讓自己的處境更加惡劣。

正念教育家塔拉・布萊克（Tara Brach）博士，在她的著作《好好憐惜自己》（*Radical Compassion*，暫譯）中，敘述了一個叫做R.A.I.N.的練習，這個練習可以幫助處理難受的情緒，避免淪爲情緒的人質。

復原力練習
5-2

和情緒自在相處的R.A.I.N.技巧

我們對「如何與情緒和平共處」這件事所知甚少，所以絕大多數時，都想把它們推得遠遠的。可是越是這麼做，它們就越是纏著我們不放。透過R.A.I.N.這項技巧，我們會因爲允許情緒的存在，變得比較能和它們自在相處。當難受或不安的情緒湧現時，只要你有餘裕，都可以試著執行以下步驟。如果可以，最好找個安靜、能舒服坐著的地方，進行這項練習。

R 了解內心的狀態（Recognize what is happening）

以你此時面臨的一個困境爲背景。看看你的內心，問問自己：「心中有什麼感受？現在占據心頭、需要關注的情緒又是什麼？」不論它是恐懼、憤怒、悲傷或任何其他的感受，都請藉由這些問題來看清自己此刻的情緒。

A

允許情緒與自己共存（Allow the experience）

接下來，看看你能否無所作爲地與這些感受和平共處。你或許會覺得此舉很難做到，一方面，你可能會擔心自己受不了這些感受，另一方面，你的腦袋也可能忍不住去評斷和排解它們。不過，現在你要做的事，就是什麼也不要做，讓一切保持原樣即可。提醒自己，此刻處在一個很安全的狀態，不管出現什麼情緒，你都能應對它們；提醒自己，所有的感受終會過去。

I

鉅細靡遺地檢視自己（Investigate with interest and care）

同樣以剛剛的困境爲背景，現在請你探索自己身體的變化。用充滿好奇心的態度，及盡可能仁慈和溫柔的眼光，仔細檢視自己的一切。從頭到腳，緩緩地掃視身上的每一個地方，注意是否有哪個部位特別緊繃、溫暖或放鬆。確認能否以關愛的態度，來看待發現的每個身體變化。

N 用關愛的態度替自己打氣（Nurture with self-compassion）

最後，用正能量爲整個練習做結尾。想像一個慈愛的人告訴你：「沒問題的，你一定能順利度過這個關卡。我會一直支持你。」這個人可以是你本人或心愛的人，也可以是某個神祇。你們對話的場景可以是大自然，也可以是一個明亮、舒適的地方。緩緩地做幾個深呼吸，好好感受這份自在、放鬆的感覺。

做完整套練習後，請留意你的生理狀態有無任何轉變，還有整個人是否變得比較平靜。不要急著馬上重回日常步調，在原地多坐一到兩分鐘，讓自己稍微沉澱。你或許會產生被綿綿細雨滋潤的感覺。

暫緩腳步、適度休息的力量

你是否有過那種「生活就只是一天過一天」的感覺？在那些日子裡，你是否總是到處奔波，幾乎沒有一刻停下腳步？現代人的生活眞要忙起來，可能會忙到讓人懷疑人生，因爲要應付大量的需求、工作、訊息和責任。有時候，待辦事項會多到有種看不到盡頭的感覺。我們常會希望自己能一天當兩天用，無暇去反思、靜心，甚至是暫緩腳步。這樣忙得不可開交的狀況不但會使我們付出不小的代價，還會影響管理情緒的能力；有時候，情緒就會在這個時候突然爆發。因爲忙到沒空去理會它們，只是一味推開，日積月累下，它們就會在某個意料之外的時刻，一次宣洩出來，使我們脫軌演出。

暫緩做事的腳步，可以有效改變情緒失衡的狀況，讓我們能好好調節自己的狀態。不要把暫緩腳步的舉動想得很複雜，即便是簡單的做三個深呼吸，都可以幫助重整狀態。我們要建立一個觀念，提醒自己：「就算有很多待辦事項，工作量很大，但此刻的我一切安好，接下來也一定能繼續保持這樣的狀態。我有能力完成手上的待辦事項。」這樣的動作或許看起來有些微不足道，但就跟那些建立聯結的微小瞬間一樣（即第二章提到的內容），在繁忙行程中穿插短暫的休息時刻，確實可以大幅提升一個人的整體狀態。

事實上，現代人都很重視在行程中適度安排空檔的概念，認爲這是擁有良好領導力的重要元素，商學院通常會用「目的性空檔」（purposeful pause）來教授這個概念。正念領導力研究院（Institute For Mindful Leadership）的創辦人賈妮絲．馬圖拉諾（Janice Marturano）就曾提到，**當領導者將目的性空檔納為日程的一部分時，他們會發現自己在創新、條理和產能方面的表現變得更出色了**。

目的性空檔可以從許多面向幫助我們，它是一種刻意讓自己放下手上工作的安排，使身、心暫時跳脫當下的思考和行爲模式，以便好好檢視自己的狀態。我們很常進入一種自動導航的狀態，當下其實並不完全清楚自己在做些什麼。

目的性空檔可以把人帶離自動導航模式，用徹底清醒的神智看待眼前的一切，而這個時候，就能得到耳目一新的收穫。

阿瓦妮是一間中型製造商的執行長，她發現自己的上班日都是在一場又一場的會議中驚險奔走，不僅沒辦法好好消化每場會議的內容，也無暇想對策來應對她的工作量。從三年前接下這份職務開始，她就一直處在這樣的工作狀態，而龐大的壓力也對她造成了傷害。她覺得自己筋疲力盡，還越來越常胃痛，這使她不禁懷疑自己是否有胃潰瘍的問題。

後來她決定在日程裡安排一些目的性空檔，在特定的時間內暫時放下手中的工作，將注意力回歸到自己身上，花幾分鐘的時間好好檢視內心的想法、感受和身處的環境。沒多久，阿瓦妮就發現這些目的性空檔對她非常有幫助：它給了自己反思的時間，得以用合適的方式執行忙碌日程中的每個項目；它也給自己靜心的機會，得以跳脫日常壓力的束縛，用更寬廣的視角看待整個局勢。

於是她決定在每場會議之間都安排一個目的性空檔。很快地，她就覺得壓力感減輕不少，胃痛也不藥而癒了。

就跟阿瓦妮一樣，如果我們能暫緩手上的工作，就能更清楚看見自己的處境，並明白接下來對自己而言，最重要的事情是什麼。**不要一直急著往前衝，適時停下腳步看看現況，可以更了解此刻自己所重視的事情**。另一方面，我們也可以藉由這個動作，好好品味現階段發生的好事。生活中許多平凡不過的日常瞬間，其實都蘊藏著喜悅和富足，而暫緩腳步正可以幫助我們看見這些寶藏。

不要把目的性空檔想得太複雜，任何時候只要你停下手上的工作，再緩緩做幾個深呼吸，就可以輕鬆爲自己創造一個目的性空檔。或是你也可以到附近的街道走走、做個簡短的冥想、運動、做一些你喜歡做的事，或單純的喝一杯咖啡。**目的性空檔的重點是，你要給自己一點時間和空間，讓心有機會靜下來，這樣才能用更有條理和冷靜的思維來反思現況。**

另外，在某些特定的情境下，這類放緩腳步的舉動還可以讓我們得到更多的幫助。如果你預料自己接下來要進行的談話或要面對的處境很有挑戰性，或是你必須做出一個不容易的決定，那麼請給自己一點點時間，放下手上的工作，緩緩地做三個深呼吸。在那些你有一堆事要做的時刻，試著稍微停下腳步，你會發現這個動作能帶來平靜。我注意到，每當我不知所措時，「暫緩腳步」這個舉動幾乎總能助我重整思緒，明白自己能應付那些事情，所以根本沒必要慌了手腳。

在人際關係方面，暫緩腳步更是格外重要。最親近的人其實最容易觸發情緒，而人們通常也會做出最激烈的反應。不過，此時若任由情緒牽著走，不經思考地做出反應，通常也會付出最大的代價。你或許有過這樣的經驗：在情緒高漲時，脫口說出惡毒的話語，卻在之後懊悔萬分。就跟許多家長一樣，我兒子在青春期的時候，也曾和我有過一段劍拔弩張的日子。後來我們能改變這個不良的相處模式，靠的就是暫緩腳步這個關鍵之舉，爲彼此建立了更加互敬、互信的關係。

有時候暫緩腳步，把注意力抽離當下關注的事情，會讓我們比較容易看清現況。只不過在很多時候，內心根深蒂固的想法、情緒和行爲還是會深深左右著自己。碰到這種難以跳脫固有框架的情形，或你想要以更有條理的方式暫離日常活動時，都可以試試下列的練習。

復原力練習 5-3

正念冥想

在忙碌時進行簡短的冥想，也是創造目的性空檔的一種方式。不論你有五分鐘或十五分鐘，正念冥想都可以幫助你將注意力轉移到自己身上。靜下你的心、降低情緒的影響力，使你能夠清楚了解到目前所處的狀態，步驟如下：

❶ 放鬆地坐在椅子、沙發或地板上

雙手自在地放在大腿上，雙肩下沉、眉心舒展，試著放鬆眼睛周圍的肌肉。

❷ 把注意力集中在呼吸上

不用改變呼吸方式，只要關注呼吸的狀態即可。感受每一次吸氣和吐氣間產生的感覺。

❸ 持續把注意力放在呼吸上

當你注意到自己的思緒開始神遊，請輕柔地將注意力重新拉回到呼吸上。不要試圖去壓抑或評斷想法，任由它們自行消散就好。如果你一直在爲接下來的待辦事項煩心，請提醒自己要做的就是邁出一小步，去處理之後面對的工作量。沒錯，只要邁出一小步，你就能將一切化險爲夷。

❹ 保持「注意力集中在呼吸上」的狀態至少五分鐘

這段期間就讓自己安靜地坐著，持續關注呼吸。當時間到時，請務必對努力練習的自己表達感謝。

本章重點

- 雖然我們不能掌控生活會出什麼樣的難題，但永遠能夠選擇應對它們的方式。
- 充斥著大量暴力畫面的電影、新聞和其他影像，或是睡眠不足和缺乏關注等，都可能是助長怒火的原因。
- 我們會說出後悔的話或做出後悔的舉動，常是「害怕搞砸事情」、「害怕被責備」，或是「害怕丟臉」等想法導致。
- 恐懼會讓我們覺得自己又變成那個蹲在牆角，害怕櫥櫃裡的鬼怪跑出來的脆弱小孩。人際聯結和人與人之間的關愛，是對抗恐懼的最佳良方。
- 「R.A.I.N.練習」可以增進與不安共處的能力，使我們在面對任何逆境時可以為自己打氣。
- 即便是覺得沒時間停下腳步的時刻，暫緩腳步都能讓我們用更有條理、平靜的態度來面對壓力。
- 停下手上的工作，緩緩做幾個深呼吸、到附近的街道走走、做個簡短的冥想，或是運動一下、做一些喜歡的事，甚至是單純的喝一杯咖啡，都可以為自己創造一個「目的性空檔」。

“ 悲觀的人會在機會中看見困難，
但樂觀的人則會在困難中看見機會。”

第六章

正向樂觀的心態和思維

正向的情緒和樂觀的思維不但能讓你笑口常開，還能促進身心健康，讓我們擁有更多面對逆境的復原力。歷來，心理學類的科學家們一直把了解心理疾病的重點放在生理缺陷和病理上，並由此尋求有效的治療方法。不過，近來科學家們終於把探索的目光聚焦在個人優勢和能力上，了解它們對戰勝逆境、繼續向前的影響力。因此現在有越來越多證據顯示，積極正向的態度能讓身、心得到廣泛的好處。

如何培養「積極正向」的態度？

過去幾十年來，心理學界研究人性的方法，已經產生非常大的變化。一九九〇年代，心理學家馬汀．賽利格曼（Martin Seligman）博士發展了一套研究人類行爲的新方法，而這套方法點出了先前的心理學研究理論存在著一個重大瑕疵，即「它們一直聚焦在人類的不良行爲上，卻很少關注人類的優秀行爲」。這樣的研究方向會給人一種「缺陷是引領我們走上康莊大道的明燈」的觀念；也就是說，只要留意這些不好的特質，就可以因此變得更好、更強大。

然而事實卻恰恰相反。在賽利格曼的領導之下，正向心理學（positive psychology）這個全新的研究領域開始異軍突起。這個領域的研究成果告訴我們，理解人類最棒的能力，看見自己的優勢和強項是非常重要的事情。但話說回來，至今還是有許多人對自己的弱點和缺陷耿耿於懷，且常常覺得在意這些事情，是讓自己更上一層樓的必要之舉。

不過，眞的是這樣嗎？讓我們來做一個小活動：在心中想一件你覺得有挑戰性的待辦事項，然後列出覺得自己可能無法勝任這項挑戰的理由，例如：

- 我不擅長這件事。
- 在這方面，其他人比我優秀太多了。
- 我從來沒有做過這件事。

現在請你爲完成這項工作的動機打分數，評分數值爲〇（沒有動機）到十（極有動機）。

接下來，請你繼續想著同一項工作，但這次請對自己說一些肯定的話，告訴自己，爲什麼你是完成這項工作的不二人選。例如：

- 我很擅長做這類事情。
- 我的動作可能慢了些，但一定會把事情做好。
- 我具備完成這件事所需的技巧和優勢。

然後重新為你完成這項工作的動機打分數，看看分數是否有變高或變低。

大部分的人會發現，第二種思考方式更能激勵人心，這也驗證了「聚焦在自身的優勢和技能上，能獲得更多動機」的想法。或許這聽起來有些弔詭，但越是專注在自己做不好或還需要精進的地方，就越是會對眼前的任務感到無力和退縮。相反地，**越是專注在自己的成就和能做到的地方，就越會對必須完成的任務充滿信心和幹勁**。

有超過五百篇研究文獻記載，正向情緒與人生諸多面向的成就均有關聯。但積極正向的態度不只能提升成功機會，對身、心健康也有諸多好處。就生理層面來說，正向情緒可以提升免疫力、降低皮質醇和其他壓力激素、減少壓力所致的發炎反應，以及增加對流感病毒的抵抗力等。就心理層面來說，正向情緒可以增加自信心，提升應對能力、社交能力和自我效能（self-efficacy，即相信自己有能力完成某事）；而這些全都能積極幫助我們朝目標前進。

雖然正向的態度可以賦予我們面對逆境的彈性，但這並不是要你強顏歡笑，把所有的苦澀暗吞腹中。相反地，若要讓正向的態度確實帶來幫助，我們必須先做到能對高、低起伏的情緒泰然處之。

所謂的情緒「低潮」，就是指絕大多數人視爲負面情緒的恐懼、焦慮、憤怒和悲傷等。然而，這些情緒都有其存在的意義。焦慮可以提升解決問題的能力；恐懼可以讓人注意到危險；憤怒可以讓人意識到不公；哀痛可以讓人察覺到自己與他人的聯結；悲傷則可以提醒我們，什麼東西對自己來說意義重大。就如在第五章討論的，復原力需要自我調節的能力，這項能力可以幫助我們平靜看待每一種情緒，而不是一味地將它們推開。**我們越是想要推開負面情緒，它們就越可能會跑回來纏著我們**。

正向的態度不是要我們壓抑或否定那些負面感受，而是要去尋找可以支持自己的正面情緒，例如愛、喜悅、希望和感恩等。這些情緒會活化體內的休息和消化系統（rest and digest system，即副交感神經系統），對健康、福祉和認知帶來正面影響。這些正面影響會開闊視野、焦點和思想，進而讓人變得更創新、彈性、包容和善於解決問題。這在心理學上叫做「正向情緒擴建模式」（broaden-and-build model），它說明了爲什麼正向的態度能幫助我們應對壓力。

就如同知道飲食和運動的重要性，就可以做出更有益健康的選擇一樣，了解正向態度對身心福祉的影響，同樣可以將我們帶往一個更健康的狀態。接下來是一個實際的案例：

莫妮卡長期受焦慮所苦。她家境貧寒，自小就常常看著家人為房租苦惱，更因為繳不出租金搬過無數次的家。這樣的不安全感左右了莫妮卡人生中的許多決定，高中退學就是其中一項，因為她覺得自己不該把時間花在念書上。現在她只想努力找個穩定的工作，但她的心思卻常常被恐懼和憂慮籠罩，因為她不知道接下來自己會何去何從。莫妮卡的就業諮商師看出了她的焦慮，為了讓她能發揮自己最好的狀態，他設法幫助莫妮卡用比較正向的角度去看事情，好讓她從中受惠。於是莫妮卡開始記下日常中她覺得感謝的事情，並每天挑出至少一件事情來細細回味。這樣持續了一個月後，莫妮卡發現她的恐懼和憂慮自然而然地減輕了許多，生活中的事情也都平穩地持續向前推進。這給了她很大的動力，在應徵想要的工作時，也變得更勇於表現自己，最終她也如願得到一份穩定的工作。

跟莫妮卡一樣，你也可以從「感謝」開始，藉此學習用更正向的角度看待世界。

復原力練習
6-1

學習感謝

養成積極正向的態度，不會讓日常中的阻礙和挑戰就此消失，但它會增添你的復原力，幫助你面對大、小挑戰。正向情緒會爲身、心帶來許多好處，這當中也包括了提升解決問題的能力，以及對生活中的各種困難臨危不亂。**要讓正向情緒常伴左右，「培養感謝的習慣」是最有效的策略之一**。

做這項練習之前，請你先花幾分鐘的時間，想想某個曾在你遭逢難關時伸出援手的人。這個人可能會是你的師長、朋友，或某個曾在你需要幫忙時，及時給予協助的人。

現在請你寫一封簡短的書信給這個人，告訴他曾幫助過你什麼，還有他的舉動是怎樣影響了你，盡可能具體地描繪這些事情。花一點時間跟他談談你最近碰到的挑戰，以及他的舉動爲今天的你帶來怎樣的幫助。不要擔心自己的文筆不夠好，或是文法和文字有誤，因爲這不是這封信的重點。

閱讀寫好的信，並仔細體會這一切所帶來的感受。注意你的身體是否有出現任何正向的感受，譬如：你有沒有覺得臉或身體變暖了？或是變得比較放鬆？

如果整個過程讓你覺得很自在、舒服，請安排接下來的行程，即親自拜訪這名對象並表達謝意。或者，你也可以直接把這封信寄給他。不過，就算你兩者都不做也無妨，因爲光是寫這封信，就足以建立你與正向情緒的聯結，爲你補給更多的復原力。

無論什麼時候，只要覺得某個問題或挑戰讓你倍感壓力，就可以試著用感謝來汲取能量；你可以透過這個方法來練習感謝，也可直接寫下想要感謝的事情。

挑戰負面思考，別讓它在心中扎根

或許你已略有耳聞，人類都有所謂的「消極偏見」（negativity bias）。消極偏見會讓我們對負面想法和經歷特別敏感，很容易就讓它們如魔鬼氈般黏在心上；但正面的想法和經歷對我們來說，常常只是一閃而逝，匆匆滑過心頭。換句話說，人心會特別在意「負面」的事物。神經科學的研究也證明了這一點，**表示相較正向的事件，負面事件會更吸引人類大腦的注意力**。就跟我們對壓力的反應一樣（請見第一章），科學家認爲這是演化所造成的現象：對我們的祖先而言，感知危險的能力攸關生死。不過當時空背景來到了現代，這樣的消極偏見會對現代人造成怎樣的影響呢？

不幸的是，它會讓我們特別在意負面事物。我們會老是想著別人的辱罵、自己犯下的錯誤，或是做得不夠好的地方。社交互動時，這個偏見也會讓我們比較聚焦在批評和壞消息上，而非讚美和好消息。正因爲人類非常容易陷入負面思維，當你在培養正向積極的態度時，一定要牢記下列重點：

1 負面思考極具影響力

我們會有負面的思考和情緒，不僅僅只是欠缺正向的心態。負面思考是有生命力的，生活中的任何小事都可能助長它的勢力。好比說，別人跟你擺臉色、工作上犯了一個小錯誤，甚至是在路上塞了幾分鐘的車，都可能燃起一種「一切都變得不對勁，整個世界都在跟我們作對」的感覺。這些反覆的負面想法會把人帶進一種負面的情緒狀態，讓我們不停對往事感到懊悔，認爲自己一文不值或不討人喜愛，或者是將自己的問題歸咎於他人。簡單來說，這些負面的想法就跟滾雪球一樣，一旦起了個頭就很容易越滾越大。

你可以採取的正面行動 當你發現有個小小的負面想法在腦中萌芽時，請運用正念技巧（例如頁八八的「撥雲見日冥想法」或頁一七四的「正念冥想」），讓負面的想法慢慢消散。

2 負面思考具有傳染性

負面思考就跟病毒一樣，會在人與人之間傳播。我們可能會發現，自己之所以會陷入負面思考，不單純是因爲想法，而是因爲別人說或做的某些事情。如果這種思考模式在職場或其他團體中持續發酵，就會演變成一股負能量漩渦，讓員工總是在辦公室抱怨老闆，或是八卦其他同事的言行舉止。

你可以採取的正面行動　萬一你無法和緩地導正負面思考的風氣，請趁該思考模式還沒在腦中扎根前，讓自己離開那個環境。

3 負面思考會危害身體健康

前文我們討論過，正向情緒如何全面提升你的健康。但在這裡，我也要告訴你，憤怒和恐懼等負面情緒，會對免疫系統和健康帶來完全相反的影響。即便是短短五分鐘的發怒，都會導致體內的壓力激素飆升，讓你的心跳加速、血壓上升。

你可以採取的正面行動 就跟頁一四八例子中的傑克一樣，請留意自己湧現負面情緒時的一些徵兆，例如心跳加快、呼吸急促，或覺得身體緊繃、發熱。然後透過調整呼吸、散步，或做本書所提供的冥想練習等，讓情緒平靜下來。

脫離內在批判者帶來的傷害

若要討論負面思考中最大的問題，大概非內在批判者（inner critic）莫屬。我們都曾在腦中聽過這個聲音，它會不停地評價我們、找出錯誤，並對我們的言行舉止說些難聽的話。以下都是內在批判者可能說的話：

- 你不夠聰明。
- 你爲什麼要這樣說？
- 你永遠都一事無成。
- 你是個徹底的冒牌貨。
- 你會搞砸這一切，因爲你總是如此。

我們多年來從父母、師長、手足、教練和其他人口中聽到的話，通常也都會被這個內在批判者拿來大做文章，用來攻擊我們的不足。一陣子後，我們會對這個聲音習以爲常到，以爲自己或許就是這樣的人。以我爲例，由於我對自己曾受到虐待的經歷感到羞恥，所以內心產生了一個聲音，老是說著這樣的話：「我一定是做錯了什麼，我一定是哪裡跟其他人不一樣，所以才會受到幾乎非人的對待。」有一段時間，這個嚴厲的聲音逼著我檢視自己說過的每一句話，也對我造成了數不清的束縛。

不過，不論是對我還是對你而言，這個聲音從來都無法如實反映我們眞實的樣貌。內在批判者都是靠著斷章取義的隻字片語來大做文章，所以這些話根本有失精準，無法眞正反映出你是個怎樣的人，以及在日常中所做的事。內在批判者會忽略我們溫柔、仁慈、慷慨和親切的時刻，但這些時刻也是生活中的一部分。話雖如此，這個聲音還是可能對我們產生強大的影響力，並落入正念教育家塔拉．布萊克博士所說的「無價值狀態」（trance of unworthiness）。假如我們放任內在批判者大放厥詞，漸漸地，就會認爲自己是個有缺陷、不配受到善待、渺小、沒有價值、無能又令人失望的人。

不論這些批評聽起來多麼具有可信度，我都可以向你保證，它們絕對沒有如實說出你的爲人。爲了保持正向積極的態度和強化復原力，我們必須削減內在批判者的勢力。我們必須明白，內在批判者一直在「誤導」我們。一旦我們做了這些事，就能脫離它的掌控，而這部分可透過正念來提供幫助。**當我們把注意力集中在當下，並更加留意內心世界的真實變化時，就會知道內在批判者只是一個老是在造謠的聲音。**我們會越來越清楚地意識到，雖然自己不完美（沒有人是完美的），但這個不完美也絕不如內在批判者說的那樣誇張。

復原力練習

6-2

面對內在批判者

用負面思考評斷自己、處境和周圍的人，都會讓我們感到無力，消耗復原力，並讓人難以應對生活中的挑戰。利用這個練習，可以讓你脫離內心的負面聲音。找一個不受干擾，能好好書寫的地方，並舒服地坐著。回答下列問題，並將答案記錄在日誌或筆記本上。

❶ 寫下一句你常聽到，且用來批判自己的負面話語

❷ 問問自己：「這句話是真的嗎？我如何判斷真假？」

❸ 注意自己聽到這句批評時的感受

下列的形容詞中，哪一個可以描述你的心情？寫下所有能描述心情的形容詞，如果你有其他可描述的相關詞彙，也可以一併寫下來，像是：

- 低落、雀躍
- 難過、開心

- 擔心、解放

4 當你受到批評時，身體會有什麼感覺？請如左寫下你的答案

- 沉重或輕盈
- 全身乏力或精力充沛

5 現在請你挺身對這個負面信息提出異議。用下列的句型，寫下至少一句的反駁話語

句型　**有一件事告訴我，內在批判者說的話不是事實，這件事是……。**

舉例來說，如果聽到的批評是「你不是個做事有計畫的人」，那麼你就可以提出這樣的反駁：「有一件事告訴我，內在批判者說的話不是事實，這件事是我一直都記得朋友的生日，而且會送卡片或禮物。」

❻ 把你的反駁讀過一遍

注意自己的心情和身體有什麼感覺，並用前頁的形容詞來描述這些感覺。感覺有出現任何變化嗎？請簡短說明它們的不同之處。

在這週內，請注意內在批判者的發聲時刻。當你察覺心中的這個負面聲音又出現時，請留意自己的感受。問問自己，這個信息到底是不是眞的。然後花一點時間，從至少一個面向來反駁這個信息。這麼做能幫助你用更寬容和實際的角度來看待自己。

心存感謝，就能保有樂觀情緒

樂觀這個字的英文「optimism」源自拉丁文的「optimus」，有「最佳」的意思。樂觀的人會著眼在最佳的情況，並期望它能成眞。相對地，悲觀的人則會著眼在最壞的情況，並篤定最後的結果多半不會太好。換言之，在同一條路上，樂觀的人會看見無限的可能性，但悲觀的人卻會看見一條死路。再換個方式說，悲觀的人會在每一個機會中看見困難，但樂觀的人則會在每一個困難中看見機會。

毫無疑問地，樂觀對你的復原力絕對有所幫助。就跟正向的情緒一樣，**樂觀也會提升身**、**心的健康狀態**，**還有人生的成就**。在一項以七萬名護理師爲受試者的研究中，研究人員發現，比較樂觀的人在多項重大死因上的致死率都較低，包括癌症、心臟病和中風。在另一項研究中，研究人員則發現，同樣有心臟病家族史的人，樂觀者心臟病發作的機率會比悲觀者少三分之一。還有一項研究也顯示，樂觀者心臟病發作或冠狀動脈出現狀況的機率，會比悲觀者少十三%。就人生成就來看，樂觀者在許多方面的表現也比較好，例如學生的考試成績較佳、保險業務員的業績較高、運動員的損傷復原速度會比較快等。

說到樂觀，還會讓人想到古老的「半杯水哲學」，即：你覺得杯裡的水是「半空」還是「半滿」。《哈佛最受歡迎的快樂工作學》（*The Happiness Advantage*）的作者尚恩．艾科爾（Shawn Achor）表示，其實杯子裡的水到底是半空還是半滿根本不重要，重要的是，我們手中有一個水壺能將杯子注滿水。這個水壺就是復原力。從正向心理學來看，不論我們是樂觀者或悲觀者，這都只是解讀事情的一種方式。換句話說，當兩個人經歷同樣的情況，以工作簡報得到負面的回饋爲例，樂觀者和悲觀者對自己說的話會非常不一樣。

第一，樂觀者大多會把這個情況視爲暫時性，告訴自己「下次我會做得更好」；悲觀者就會做出比較永久性的解釋，例如「我做了一個很爛的簡報」。第二，悲觀者通常會全面式的自我批判，說出「我是個做事不太俐落的人」之類的話，但樂觀者就會告訴自己「我不太擅長做這類事情」。第三，樂觀者會看見不在他們掌握中的因素，及對結果的影響，然而悲觀者只會將成果的一切不如意都歸咎到自己身上。樂觀者大概會告訴自己「我沒有足夠的時間做準備」，悲觀者最後則可能告訴自己：「大家都能做得這麼好，我到底是有什麼毛病？」

顯然，我們解讀事情的方向（不論是樂觀或悲觀），都會對看待世界的角度，以及應對壓力的方式造成不小的影響。從樂觀的鏡頭望出去，會看見可能性，因此我們會積極地運用各種方法去解決問題，並對結果抱有希望。至於悲觀，它就跟許多負面情緒一樣，會窄化我們的視野，侷限選擇。在極度極端的情況下，悲觀可能會讓人進入一種叫做「習得性無助感」（learned helplessness）的狀態，它會讓我們覺得自己無法改變現況，即便明明就有能力去改變它。反觀樂觀，它會讓我們擺脫自憐、悔恨和逃避問題等舉動，轉而用滿滿的創意迎向挑戰。

你認爲自己是樂觀者或悲觀者？你比較偏向哪一方呢？你或許會覺得這兩種思考風格都不是自己想改就能改的，但只要願意學習控制思想的技巧，其實每個人都有機會將自己的思維從悲觀轉爲樂觀。我在第五章說過，我們的心神就像一座花園，而要給園裡的負面或正面種子澆水，全憑自己決定。如果我們永遠斷定事情都會往不好的方向發展，就會助長恐懼和憂慮的勢力，讓它們日益強大。不過，**如果我們常心存感謝，時時提醒自己，事情本來就會有不順利的時候，那麼內在的樂觀就會茁壯**。

復原力練習
6-3

學會正向思考

雖然已經明白正向情緒和樂觀態度的重要性，但我們的心思本就對負面事物比較敏感，很多人也都對負面感受見怪不怪、習以爲常。這項練習會告訴你，選擇從正面的角度來看事情能讓你受惠，即便你所面對的事情困難重重。

❶ 找一個不會被打擾的地方，靜靜地坐著

閉上雙眼，放輕鬆，想像你正準備展開一週的工作，或執行你週一的例行公事（在接下來的步驟中，我們會繼續以職場當作示範這項練習的背景，但你在進行這項練習時，可以將背景替換成任何與你生活相符的情境）。

❷ 想像你在下週一上班時會發生的事

你會到公司上班，與同事共事，處理平常的事務並煩惱著瑣事。但是有一件事不同：你會把注意力放在自己、別人，以及這一天所有工作和活動會帶來的正面影響上。

❸ 想像平常上班時的通勤路線

假如一路上你都把注意力放在正面的事物上，會看到或感覺到什麼不同呢？譬如，或許你又一如往常的困在車陣中，但此刻你沒有感到沮喪，反而把注意力轉向鄰近車輛內的駕駛和乘客身上；你開始觀察他們的面容，並好奇他們是過著怎樣的生活。

❹ 現在想像你上班的樣子

想像你會在公司走廊上看到的人，及在同一間辦公室內的同事，還有平常工作時會接觸到的每一個人。想像你們一起進行了一場例行性會議，並注意自己和互動者在議程上展露的優點。用正向的眼光看事情會如何影響你的作爲、言談，還有選擇。你或許會因此對平常不太關心的人微笑，甚至和他聊上幾句。

❺ 現在想像你下班返家的畫面，還有一路上與其他人的互動

你可能會在加油站、超市駐足，或是與其他人共乘汽車回家。你會跟他們說些什麼？帶著這個正向的視角，想像自己再次回到家中。想像你與家人打招呼和互動的方式，並感受內心的感覺。在這項練習的最後，請你想像自己入夜就寢的畫面，此時你的思緒依舊會想著整天看到的正面事物。留意你在入睡之際有怎樣的感覺？說不定你甚至會發現，自己的睡眠品質有所改變。

相較於平常的工作日，你注意到這項練習爲自己帶來哪些不一樣的變化嗎？如果有，是什麼樣的變化呢？如果你喜歡這些變化，請把它們寫在日誌中。

本章重點

- 長久以來，心理學一直在關注人類的缺陷，但現在該領域終於明白，若要了解人體機能的最佳運作狀態，關注人類的優勢和正向特質才是重點。
- 「正向情緒」會提升解決問題的能力、創意，以及身心的健康。
- 負面思考和情緒，不僅只是欠缺正向心態，很瑣碎的負面事件都可能助長它的勢力，讓我們無力招架。其他人的負面言行也會觸發負面思考和情緒。
- 許多人的言行和思想都受過內在批判者的嚴苛評斷，但這些負面批評鮮少能如實反映出我們的完整樣貌。
- 透過練習，我們可以讓內在批判者噤聲，並更清楚地看見自己其實擁有許多優勢和才華。
- 不論我們是樂觀者或悲觀者，這都只是解讀事情的一種方式。
- 只要學會有效控制思想的技巧，就可以讓自己用比較樂觀的方式解讀事情。

第七章
好好照顧自己

如果連我們都無法好好照顧自己的身、心、靈和情緒健康，又有誰會幫忙呢？大部分的人都不會把「好好照顧自己」放在第一順位。事實上，在生活忙碌時，這往往就是被優先捨棄的事情。於是，最終我們整個人可能就會被掏空，復原力也會隨之枯竭。在本章中，將會檢視疏於照顧自己的原因，並尋找增加復原力的方法。

讓「照顧自己」成為習慣

如果你仔細想想就會明白，就強化復原力而言，「好好照顧自己」是多麼基本的事情。因為身、心狀態越健康，我們就有越多餘裕去克服生活中的壓力和困難。不過很多時候，我們常一而再，再而三地把照顧自己這件事放在一旁。我們會告訴自己，沒時間做一桌健康的飯菜、睡久一點會寵壞自己，或與伸展雙腿和做運動相比，處理其他的事情比較重要。在有這麼多的義務和責任要承擔且完成的情況下，我們常會習慣性地把照顧自己放在最後一位。

但這個舉動卻會讓我們付出極大的代價，包括：可能會對其他人失去同理心、筋疲力盡、情緒低落，或生產力下降。如果你就是那個總是把照顧自己放一旁的人，請回想你在壓榨自己時，會碰到什麼情況？心情是不是變差了？工作效率是否降低了？

若想把「照顧自己」放在第一位，需要先捨棄一些錯誤觀念，以下是常見的三大誤解：

1 我有其他更重要的事

沒錯，你的生活可能很忙碌，肩膀可能扛著很多責任。甚至你或許會認爲，犧牲的越多，就能得到越成功的人生。然而，**犧牲照顧自己的機會，會讓你整個人被榨乾**。隨著你的復原力日益枯竭，達成目標和履行義務的過程也會變得艱辛。因此你要明白，把「投資自己」放在第一位不但可以讓人變得更好，也能讓你更游刃有餘地去處理其他更重要的事情。

2 我沒資格好好照顧自己

有些人因爲缺少自我價值感，常會覺得自己不如身邊的其他人重要，所以從未給予自己應有的關照。但這樣的認知很容易落入惡性循環：花時間照顧自己時，一旦從中發現不足，就會更加確信自己沒資格受到良好的對待。面對這種情況，用正向的思考取代負面的思考模式是關鍵，也就是說你應該這麼想：「你花越多心力照顧自己，就越會感受到自己值得受到良好的對待，之後你就會更願意在這方面投注心力。」別忘了，**把對自己的指責化為關愛，也是幫助你擁有更多復原力的方法**。

3 我太忙了

也許你想要把照顧自己放在第一位，但待辦事項太多了，所以沒時間好好處理每一件事。若想有照顧自己的餘裕，就必須做出取捨，把時間和精力花在眞正該做的事情上。把你覺得該做的事情都想過一遍，然後問問自己，它們是不是都非你不可。這麼做之後，你大概就會發現，可以不去做某些「該做」的事情。

最後，你要知道，好好照顧自己這件事不全然是爲了我們。當我們去做那些可以增進健康的活動時，其實也會讓自己有更多能力去照顧其他人，並履行所有該盡的責任。**研究顯示，透過「照顧自己」，可以降低某些從業者的壓力，例如幼保人員、創傷治療師、醫師、護理師，或其他需要盡全力照顧其他人的職業**。你大概對航空公司的這段安全宣導台詞不陌生：「請先戴上你的氧氣面罩，這樣之後你就能幫其他人戴上他們的面罩。」這一句話簡直是照顧自己的最佳寫照。儘管照顧自己常常意味著你需要從事某項具體的活動，但有時候，照顧自己就只是要你暫時放下工作，好好讓自己休息而已，或許是看本好書，也或許是小睡一會兒。

以下的這個故事就說明了，如果我們能把照顧自己放在第一位，就能迎來更好的結果。

咪咪是個五十多歲的亞裔美國婦女，從小就跟患有心理疾病的母親住在一起。雖然咪咪常被她母親當成妄想的對象，但在母親無法自理生活的那些時刻，咪咪也是那個必須照顧她的人。這些壓力導致咪咪在青春期時，陷入了重度憂鬱的狀態，最終甚至因為自殺未遂入院治療。爾後，她與一位信任的治療師展開治療，找到可以舒緩憂鬱症狀的藥物，還投注了更多的時間和精力照顧自己的健康。擁有更多照顧自己的能力後，咪咪終於逃脫了家族留給她的精神疾病。成年後，她致力幫助其他亞裔美國婦女走出憂鬱症，還成為自殺防治組織的講師。這些行為為她帶來意義和使命感，也讓她更懂得好好照顧自己。

既然我們已經知道照顧自己的重要性，現在，你也該好好負起照顧自身健康的責任。下頁的練習可以幫助你進入狀況。

復原力練習
7-1

學會照顧自己

照顧自己並不是只有一套方法，每個人都可以用不同的方式爲身、心充電。這項練習會列出許多照顧自己的選項，幫助你找到補給能量的方式。接下來，請把下列問題的答案記錄在日誌上。

❶ 找一個不會被打擾、能好好書寫的地方，自在地坐著

花幾分鐘的時間反思你近日的生活。想想那些你忙得焦頭爛額的時刻，再想想那些生活步調放緩，讓你有時間好好喘口氣的時刻。

❷ 寫下你對下列問題的答覆

- 生活中的哪些小事，會讓你有踏實和安心的感覺？
- 什麼事會滋養你？
- 什麼事會讓你感到療癒？

如果你不清楚該怎麼回答這些問題，可以參考以下範例。看看有沒有哪些選項引起了你的共鳴，或是讓你想到了其他沒列出的選項。

- 泡熱水澡
- 運動／找時間和朋友或家人相聚
- 聆聽喜愛的音樂
- 讀一本書
- 散步
- 徜徉大自然
- 喝一杯熱茶

❸ 現在想想那些你最近沒做，或不太常做的活動

前提是，這些活動要能帶給你力量、養分和安慰，請至少列出三項，例如：

- 參加支持團體，而成員都有著跟你類似的挑戰。
- 讓自己好好大哭一場。
- 上一堂感興趣的課程。
- 放下對某事的悔恨。
- 探索新的興趣或精進既有的興趣。
- 整理自家的花園。

❹ 如果想優先照顧自己，你可以放棄或少做哪些活動？

請至少列出三項，例如：

- 反覆觀看或閱讀會讓心情不好的新聞報導。

- 和負能量的人打交道。
- 用電視、社群媒體或網路來逃避難受的情緒或孤獨感。
- 藉由物質來擺脫情緒上的傷痛。

❺ 檢視目前列出的所有活動

然後逐一寫下將這些活動從日常生活中，加入或刪除的方法。例如：

- 每天早上給自己十分鐘時間，好好喝一杯茶，且手機必須關機。
- 週六的早晨盡可能選擇在公園度過，而不是在購物中心。
- 去社區大學的網站逛逛，看看有哪些夜間課程是在下個月開課。

當你做完這項練習，或許就能將新的活動加到行事曆裡，或在手機裡設個提示鈴提醒自己，不再陷入被掏空的狀態。只要多練習，就能帶來很大的收穫。

練習關愛自己

本書中的許多觀點都一直緊扣善待自己的重要性，要我們用寬厚、仁慈的態度對待自己，避免自我批判。在第六章，則討論到內在批判者會如何用苛刻的言語大聲霸凌我們。但如果一直允許這樣的聲音從內部攻擊自己，又怎麼能克服外在世界帶來的考驗和艱辛？我們可以學習平息這股內在力量的方法，用對抗外在霸凌者的態度，來對抗這個內在霸凌者。就建構復原力來說，自我關愛（self-compassion）是不可或缺的行爲。

許多人都習慣用很嚴苛的態度對待自己，會對自己說一些絕對不會對其他人（尤其是在乎的人）說的話。想要養成關愛自己的習慣，要做的第一件事就是好好思考何謂「關愛」。所謂的關愛就是「看見痛苦，並設法減輕痛苦」。

試想，如果你看到一位孱弱的老婦人，提著大包小包的雜貨，吃力地獨自過街，你會有什麼感覺？在腦中想像這個畫面，並留意你心中的感受。或許你會發現自己因爲看見她的掙扎，而燃起一股想幫助她的渴望。一般來說，關愛的舉動通常會透過三個階段觸發：

- 察覺痛苦正在發生。
- 對這個察覺產生情緒上的反應。
- 覺得任何人都會碰到這種遭遇，萌生「老天保佑，否則我也會歷經這種痛苦」的想法。

自我關愛時，我們也會歷經這三個階段，只是關愛的對象會變成自己。我們會看見「自己」是那個受苦的人。就跟關愛其他人一樣，我們也會設法減輕自己的痛苦，並提醒自己，很多人都會經歷這種痛苦。

進一步了解自我批判，及讓處境變得更艱難的原因，是懂得關愛自己的一種方式。我們在批評自己時，會觸發大腦的威脅和防禦系統，也就是在第一章討論過的「戰鬥／逃跑／定格反應」，因爲太過苛刻地批判自己時，會讓大腦覺得受到威脅。隨著壓力激素在體內蔓延，我們非但無法用更好的狀態完成手上的工作，反而還會發現工作能力完全被焦慮癱瘓。

然而，關愛自己也會觸發另一種截然不同的反應，有時候我們會把這種反應叫做「照料和結盟系統」（tend and befriend system），這種反應會讓我們處在學習和成長的最佳基礎上。一旦我們懂得關愛自己，就可以把此舉看作是內在的一個盟友或照顧者。

大眾對「自我關愛」的誤解

當你聽到「自我關愛」這個詞彙時，會覺得它是弱者才需要的東西嗎？你認爲自我關愛是一種帶有自私或自憐意味的舉動嗎？如果你對這個概念很陌生，大概會覺得「自我關愛」易讓人變得怠惰，因爲少了自我批判的刺激，人會進入一種懶散、不積極的狀態。

這些都是大眾對自我關愛的常見誤解。事實上，自我關愛並不是「可憐我」

的代名詞，**「這裡存在著痛苦，我能做些什麼減緩它」才是它要表達的意涵。**另外，你選擇落實自我關愛的理念時，受惠者並非只有自己。事實證明，透過善待自己，才能激發達成目標和幫助他人的最大力量。

自我關愛的好處

學界對自我關愛的科學研究成果，也支持了它在補給復原力上的重要性。研究自我關愛的先驅克里斯汀．聶夫（Kristin Neff）博士，和其他學者合作的大量研究顯示，**懂得高度關愛自己的人，對負面事件的反應比較不會那麼激烈**，面對離婚等難題的處理能力會比較好，對失敗的恐懼也會比較少，而且對整體生活的滿意度亦會比較高。許多研究也證實，自我關愛有益身體健康，因爲它會降低慢性疼痛的強度、減少酒精的攝取量，以及增加運動的頻率等。

就我個人及幫助醫師和護理師的經驗來看，我已經見證過無數次自我批判帶來的負面影響，還有善待自己對提升工作產能、職場幸福感和抗壓性的正面影響。如果你在職場或家庭扮演照護者的角色，你一定要明白，你對他人的關愛和對自己的關愛是兩件事。有時候我們的心門雖然會對別人敞開，卻會將自己拒於門外，使我們有種與其他人格格不入的感覺。這樣的舉動也彷彿是在告訴自己：「別人值得關愛，但我們不值得。」一段時間之後，復原力就會因此耗盡，導致疲憊不堪、筋疲力竭。

有時候我們會對人生提出質疑，納悶爲什麼總有過不完的難關。當事情沒照心中的理想走時，很容易就會把問題的矛頭指向自己。不過，如果懂得關愛自己，就會開始明白，我們不該把矛頭指向自己，因爲人生本來就不會盡如人意，更不可能事事順心或無風無浪。有了這份認知後，我們就可以與其他人建立比較好的聯結，而不會覺得自己與其他人格格不入或孤立自我。

復原力練習 7-2

在空檔中關愛自己

許多照顧自己的舉動都無法在工作或履行其他責任時進行，可是自我關愛就不同了，這也是照顧自己的一種方式，而且它可以在任何時候進行，這樣的特性在遇到困難時特別受用。對絕大多數的人來說，我們都需要透過一些練習來養成關愛自己的能力。接下來，我們要做的這個小練習是由克里斯汀．聶夫博士提出，可幫助停止對自我的質疑和批評。

❶ 想像一個具有挑戰性，且會令你感到壓迫的情況

花一點時間觀察自己，看看你的身體有無因爲這樣的想像而感到壓迫，或因情緒的波動感到不舒服。

2

把右手放在你的左胸上方，感受心臟在手掌下的溫度和跳動

告訴自己：「這是一個痛苦的時刻，這一刻很難受。當別人碰上我現在的處境時，就會有這樣的感受。苦難是每個人生活的一部分。」

3

現在，請對自己說出這些祝福

「願我善待此刻的自己。」

「願我給予自己需要和應有的關愛。」

「願我以各種有益自我的方式原諒自己。」

「願我接受自己就跟眾人一樣，是個不完美的人。」

假如你發現很難用這種方式關愛自己，可以把這項練習的關愛對象換成好朋友或親近的人，想像當困難發生在他們身上時，你會說什麼話？

做完這項練習後，請給自己一點時間深思練習帶來的感受。如果覺得它讓你很不自在，很可能是因爲你平常很少善待自己。接下來的日子裡，請找到能關愛自我的空檔。練習的次數越多，就會越駕輕就熟。

安排「專屬自己的時間」

安排一段專屬自己的時間或許不是一件容易的事，但不做這件事會付出很高的代價。下列這個例子就告訴我們，即便做起來很困難，但擁有個人時間仍是最好的選擇。

希爾妲醒著的時刻大多都在照顧她的丈夫理查德，他在四年前出現了阿茲海默症的症狀。多年下來，她被這樣全天候繞著先生打轉的生活搞得筋疲力竭。可是她覺得擁有自己的時間很自私，畢竟，她不是那個生病的人。所以她還是持續將所有的時間，都花在照顧丈夫的需求上。

後來，希爾妲的健康開始出了狀況。這使她意識到，如果不做出一些改變，最終不只會生病，還會完全無法照顧理查德。她與孩子商量這件事，他們都鼓勵她請一個居家看護。有了看護之後，她的日常很快就有了喘息的空間，她每天都可以出去散散步，也有心思好好關注對自己來說重要的事情。最後，她的健康狀況改善了，也能更有效率地照料理查德的需求。

有時候安排專屬自己的時間，意味著我們必須放下對事物的掌控欲。我們必須拋開一種想法，即「如果某件事不是由我來做，它就無法達到我想要的成果」，或者是「我是唯一可以勝任這份工作的人」。以希爾妲爲例，照顧自己就意味著要把理查德交給其他人照顧，所以她很難做到這件事。然而她知道，如果再不找人分擔這個重擔，她很快就會負荷不了它的重量。

運動、冥想，都是在照顧自己

照顧自己的其中一個關鍵，就是要把它安排到你的行程中。如果不這麼做，我們會把每一件事都擺在優先位置，然後把照顧自己擺在最後一位。有時候，我們會照著行事曆上的行程，開過一場又一場的會議，滿足一個又一個的職場需求。因此，把照顧自己這件事納入行事曆中，也意味著你對自己許下了等同工作的承諾。儘管照顧自己的選項很多元，但以下幾點特別重要。

1 運動

這項照顧自己的活動可以帶來許多好處。在身體健康方面，定期運動可以達到減重、控制血壓、降低中風風險、改善失眠和預防阿茲海默症等諸多好處。在心理健康方面，運動可以降低憂鬱和焦慮、減少壓力激素的含量，並提振精力。另外，單就大腦健康來看，運動還能改善記憶、提升大腦形成新神經聯結的能力，以及降低大腦發炎的情況。至今已有成千上萬的研究證實了運動對人體的正面影響，好處實在是無庸置疑。把運動納入你的行程，將它們視爲跟完成工作或履行義務同等重要的事情。除了運動，也請你盡量每天都安排一些體能活動，像是散步、整理家務或花園。

2 良好的營養

是一門浩瀚且無法一言以蔽之的學問。不過大致上，一份低飽和脂肪、無糖飲料，以及富含蔬果的飲食，對健康非常有幫助。想擁有符合需求的飲食，可以請醫師或營養師協助規劃。簡單來說，不論你吃的是富含不飽和脂肪的食物、無糖飲料，或是大量蔬果，復原力都會因良好的營養狀態而提升。

3 充足的睡眠

對身、心健康有許多好處。許多研究發現，睡眠不足會增加罹病的風險，例如肥胖、糖尿病、阿茲海默症，甚至還會削減壽命。雖然用睡眠時間換取更多工作產能的交易可能很誘人，但你犧牲睡眠時間所導致的疲勞、注意力不集中和表現力下降，都會讓工作成效不如預期。

有些人需要睡八小時才會睡飽，但有些人只要睡六、七小時就足夠。請留意你所需的睡眠時間，並養成規律的睡眠習慣。

4 冥想

雖不若運動和健康飲食般廣爲人知，但也能爲健康帶來好處。對大腦而言，冥想可縮小杏仁核的體積，增加前額葉皮質區的灰質（此區塊的大腦與複雜的思想有關）和其他重要大腦區的厚度。冥想也能防止高血壓、預防心臟病和中風，並降低重度憂鬱症的復發機率。冥想也可以使我們專注在當下，明白自己處在一個安全且不錯的環境，幫助擺脫對未來的恐懼、憂慮和焦慮。如果你沒有冥想的經驗，可以試試本書的「撥雲見日冥想法」（見頁八八）或「正念冥想」（見頁一七四）。

不知道該如何跨出第一步嗎？在這裡，「質」往往比「量」來得重要，即便只是透過小小的行爲照顧自己，都可以扭轉那些可能阻礙前進的做事態度和想法。以我來說，每天下午好好享用一杯茶，就是照顧自己的方式。乍聽之下，你或許會覺得這個舉動小到不可思議，但它卻是讓我覺得自己值得被好好對待的重大行為。現在就讓我們來看看，有哪些方法可以幫助你養成照顧自己的習慣。

復原力練習 7-3

空出「照顧自己」的時間

我們常會告訴自己，沒辦法把「照顧自己」排進行程中，因為其他人和其他事都比我們更重要。這裡有幾個小訣竅，可以讓照顧自己成為日常的一部分。

❶ 安排專屬於自己的時間

沒有事先安排，事情往往就沒有落實的機會。想想日常生活中，你最有把握空下哪個時段的時間，就用它來好好照顧自己。不論你使用的是紙本或數位行事曆，都請一定要標註出自己的「專屬時間」。如果可以，最好也在你和其他人共享的行事曆上標註「此時段已有安排」，這樣其他人就會知道這個時段你沒空。同時，請一定要記住，就像你不會隨便取消看診的預約一樣，請你也不要輕易取消照顧自己的行程。

❷ 結合生活，讓它儀式化

爲照顧自己的行爲創造一個小小的儀式感，可以讓它更加融入你的生活。好比說，你可以在下班回家前，先花十分鐘做一些能讓自己開心的事，再去做其他的事情。或者，你也可以在每晚睡覺前，花十分鐘冥想，或是泡熱水澡，讓這些照顧自己的行爲成爲睡前的儀式。**你越能把這些行為與其他日常活動結合在一起，就越容易變成習慣。**

3 設立目標

你是喜歡設立目標，並逐項確認是否達標的人嗎？經研究證實，這確實是一個追蹤進度的有效方法。假如你照顧自己的方式是運動，不妨爲自己設下「每週要走多少公尺」之類的目標；如果是冥想和準時上床睡覺，則可以訂下「每週至少要做到幾次」的目標。一旦達標，你就可以愉快地告訴自己：「我又完成一個里程碑了！」

4 暫時自科技世界中抽離

在這個科技發達的時代，許多人都成了科技的奴隸，任何時刻都離不開訊息或電子郵件。儘管要做到這一點可能不太容易，但請你試著爲自己立下一個遠離科技的固定時段；在這個時段裡，你會放下所有的電子產品，讓自己靜坐思考、做運動、準備一份健康的餐點，或是多與親友相處。

❺ 從小地方開始行動

千萬不要覺得必須將「照顧自己」這件事一步到位。如果你是一個不習慣把時間花在自己身上的人，不論你能爲自己做些什麼，都會是一個很棒的開始。萬一事情進展得不順利，也請不要苛責自己，重新規劃即可。

在此與你分享我的座右銘，或許能帶來些許幫助：「在你開始做某件陌生的事情時，就算踏出的第一步非常小，都遠勝過站在原點。」

本章重點

- 養成好好照顧自己的習慣，能讓身、心隨時做好準備，累積復原力。
- 當我們把自己放在最後一位時，可能會付出極大的代價，像是對其他人失去同理心、情緒低落，或生產力下降等負面效應。
- 為了確保能將「照顧自己」放在第一位，需要拋開「自己不值得受到這樣的對待」想法，並學會對其他爭奪時間和精力，但非必要的事情說「不」，這樣才有餘裕好好照顧自己。
- 「自我關愛」是指用對待親友的友善態度來對待自己。
- 為確保你能落實「照顧自己」這件事，請一定要把它安排到行程裡。
- 運動、良好的營養、充足的睡眠和冥想，會對身、心和大腦健康帶來顯著的好處，且每一項都有助於增加復原力。

“ 聯結、彈性、毅力、自我調節、正向和自我照護，
是強化復原力的六大要素。”

第八章

如何讓復原力在日常中不斷壯大？

無論你是順著本書的編排逐章閱讀，或是依自己的需求跳著閱讀，在構築復原力的這條路上，你都已經邁出了一大步。你選擇了投資自己，花時間和精力學習新的策略，並試著用新的方法應對一切。要做出這樣的決定始終不是一件容易的事，因爲我們身邊有太多會奪取注意力的干擾和壓力。請在這條路上持續前行，這本書永遠是你的後盾，我希望在你需要幫助時能回頭翻閱本書，用它重溫你的技能、強化判斷力，或是嘗試一個之前錯過的練習。

做到五件事，增加你的復原力

你必須有個認知，這趟旅程的一切都由你主導。不論是用什麼方法培養和壯大復原力，或是要以書中哪些討論過的重要概念，用來當作自己前進的方針，這些都需要你全權決定。或許我們還要記住一件最重要的事，那就是：「我們常覺得復原力是一種專屬英雄和女豪傑的超能力，但事實上，你體內也有這份超能力，而且它一直都與你同在。」我已經告訴你許多爲各種大、小問題所苦的眞實故事，也分享了許多應對逆境和挑戰的方法。這當中也包括了我本人的故事，而我之所以會與你分享這些親身經歷，是因爲我想讓你明白，**不論在人生中碰到了什麼事，你永遠都有能力重新站起來**。這一點對我們每個人來說都適用。

這本書所提供的工具和知識，能幫助你常汲取和補給內心那口盛裝復原力的水井。復原力是你心中的寶藏，讓你在碰到困難和挑戰時不會慌了手腳。聯結、彈性、毅力、自我調節、正向和自我照護，是強化復原力的六大要素，一旦透過這些面向壯大復原力，就能將你面對生活困境時的態度，由不知所措轉爲臨危不亂。

在持續精進復原力的路上，落實以下幾點能確保你一直往對的方向前進：

1 善用正念

正念對培養復原力的幫助非常大。誠如我們在第三章中討論的，正念是指把注意力集中在自己當下的思想、情緒和身體感受上。你越能拋開心中的不實聲音，把注意力放在當下經歷的眞實事物上，就越能意識到「如果要讓自己成爲一個有彈性的人，需要做些什麼」。你會注意到身體在說話，告訴你有什麼地方不太對勁——例如你會發現自己肩膀緊繃、心跳加速，或因需要休息而呵欠連連。如果你對正念很陌生，請務必多練習「撥雲見日冥想法」（見頁八八）和「正念冥想」（見頁一七四）。

我鼓勵你照著自己的步調，去深入探討正念這門學問。

2 關愛自己

沒有人是完美的，且我們通常比自我認知中的自己好很多。與生俱來的消極偏見，會導致我們特別在意自己的過錯和做得不夠好的地方，所以請格外當心這種天性。當你發現自己很難聚焦在自身的優點上時，請重新閱讀第六章和第七章的內容。千萬不要讓內在批判者毀了你苦心培養的日常復原力。同時，別忘了關愛自己，這也能讓你擁有更多同理心和幫助他人的力量。

3 正向思考

就如在第一章提到的，我們擁有極具可塑性的大腦，會依據經驗和關注的事物，持續發展出新的神經迴路。也就是說，你越在意哪些事情，那些事情就越有機會成眞，因爲大腦會創造支持那些想法的聯結和網絡。因此，**只要把目**

光聚焦在正面經驗和成就上，大腦就會變得比較重視這些事情。你每放下一次嫉妒、憤怒或怨恨等負面想法，就會讓態度變得更正向。正向態度不但能帶來正面的成長和效能，還能積極地補給復原力。每當你覺得很難用正面的角度看事情時，就請做頁二〇二的練習。

4 建立聯結

看書是屬於個人的活動，所以我必須再次強調，你越能和其他人建立聯結，就越能壯大復原力。人類是高度群居的物種，所以千萬不要低估經由社會聯結得到的鼓勵、肯定、認可和支持。無論是透過微小的瞬間或是更深層的關係（最好是兩者皆有）所獲得的聯結，都是幫助度過生活難關的救命繩。有些人天生就比較會社交，如果你需要學習加深聯結的方法，可以參考第二章列出的練習。

5 謹記「三相」

最後，在遇到困難時，我希望你能想想在第三章中提到的「三相」。在你遭逢困境、不知所措的時候，思考這些眞理會帶來許多啟發。第一相是指發生在人生中的壞事和磨難，是所有人都無可避免的事實。第二相是指萬物皆會改變，沒有什麼東西是不變的。至於第三相，則是指生活中與我們有關的事情其實非常少。雖然我們不見得希望三相所說的都是事實，但這些眞理會帶來一股沉穩、安定的力量。只要將它們謹記在心，受到第二支箭（請見頁八三的說明）傷害的機率就會大幅降低。

重視自己，才能保有復原力

強化復原力是一段持續的過程，而非一個決定或一次行動就可以達成；它是透過日常生活中的許多選擇，不斷構築出的一個成果。生活中有數不清的抉擇點，而每一個抉擇點都能成爲增加復原力的契機。就算這一次做出的選擇沒有提升復原力，也不必擔心，因爲日後還會有更多的選擇出現。不過在這條路上，請你一定要避開兩大陷阱：

1 拿自己和他人做比較

縱使我們的整體動向是往前走的，但在人生這條路上，很少有人能直線前進。你一定會有忠於目標的時候，也會有偏離時，這就是人生。在精進復原力的過程中，每個人都走在專屬自己的道路上，各自經歷著不同的轉折和起伏。我們可能會耗費很多心力拿自己與他人做比較，但請記住這句俗語：「人比人，氣死人。」換句話說，拿自己與他人的生活做比較，只會徒增不滿。**和自己比較才是你應該做的事情。**

2 把照顧自己擺在最後一位

我相信你已經感受到沒把「照顧自己」放在第一位時帶來的壓力，但我還是想提醒你，不要再把照顧自己放在最後一位。如果沒有先照顧好自己的身心狀態，保有充盈的復原力，等有一天需要它時，就會發現已不敷使用。不論你的生活有多麼忙碌，都請好好規劃行程，確保每天都有安排一個「照顧自己」的空檔。花這些時間是值得的，如果你覺得把照顧自己放在第一位的行爲很自私，請記住一個觀念：「**倘若你不好好照顧自己，就無法去照顧其他人。**」不管要承擔什麼責任、要處理多少事情，你都必須明白，你值得享有這些照顧自己的舉動。

參考資料

Achor, Shawn. *The Happiness Advantage: The Seven Principles of Positive Psychology That Fuel Success and Performance at Work.* New York: Crown Business, 2010.

Berlin, Lisa, Yair Ziv, Lisa Amaya-Jackson, and Mark Greenberg. *Enhancing Early Attachments: Theory,Research, Intervention, and Policy.* New York: Guilford Press, 2007.

Boyatzis, Richard, Melvin L. Smith, and Ellen Van Oosten. *Helping People Change: Coaching with Compassion for Lifelong Learning and Growth.* Boston: Harvard Business School Press, 2019.

Brach, Tara. *Radical Compassion: Learning to Love Yourself and Your World with the Practice of RAIN.* New York: Penguin Random House, 2019.

Buchanan, Kathryn E., and Anat Bardi. "Acts of Kindness and Acts of Novelty Affect Life Satisfaction." *The Journal of Social Psychology* 150, no. 3 (2010): 235–237.

Duarte, Joana, and José Pinto-Gouveia. "Positive Affect and Para-sympathetic Activity: Evidence for a Quadratic Relationship between Feeling Safe and Content and Heart Rate Variability." *Psychiatry Research* 257 (2017): 284–289.

Duckworth, Angela. *Grit: The Power of Passion and Perseverance.* New York: Simon and Schuster, 2016.

Fredrickson, Barbara. *Love 2.0: Finding Happiness and Health in Moments of Connection.* New York: Penguin, 2013.

Goleman, Daniel. Emotional Intelligence: *Why It Can Matter More Than IQ.* New York: Bantam, 1995.

Hanh, Thich Nhat. *Taming the Tiger Within: Meditations on Transforming Difficult Emotions.* London: Penguin, 2004.

Harvard Health. "From Irritated to Enraged: Anger's Toxic Effect on the Heart." Published December 2014. Health.Harvard.edu/heart-health/from-irritated-to-enraged-angers-toxic-effect-on-the-heart.

Harvard Health. "Understanding the Stress Response." Published May 1, 2018. Health.Harvard.edu/staying-healthy/understanding-the-stress -response.

Hayes, Steven, with Spencer Smith. *Get Out of Your Mind and Into Your Life: The New Acceptance and Commitment Therapy.* Oakland: New Harbinger Publications, 2005.

Hotermans, Christophe, Philippe Peigneux, Alain Maertens De Noordhout, Gustave Moonen, and Pierre Maquet. "Repetitive Transcanial Magnetic Stimulation over the Primary Motor Cortex Disrupts Early Boost but Not Delayed Gains in Performance in Motor Sequence Learning." *European Journal of Neuroscience* 28, no. 6 (2008): 1216–1221.

Hyde, Catherine Ryan. *Pay It Forward.* New York: Simon and Schuster, 2014.

Institute for Mindful Leadership. "Institute for Mindful Leadership." Accessed February 16, 2020. InstituteforMindfulLeadership.org.

The International Center for Self Care Research. "International Center for Self Care Research." Accessed March 20, 2020. SelfCareResearch.org.

Kim, Eric S., Kaitlin A. Hagan, Francine Grodstein, Dawn L. DeMeo, Immaculata De Vivo, and Laura D. Kubzansky. "Optimism and Cause-Specific Mortality: A Prospective Cohort Study." *American Journal of Epidemiology* 185, no. 1 (2017): 21–29.

Kuhn, C .M., and E. M. Flanagan. "Self-Care as a Professional Imperative: Physician Burnout, Depression, and Suicide." *Canadian Journal of Anaesthesia* 64 (2017): 158–168

The Mayo Clinic. "Chronic Stress Puts Your Health at Risk." Published May 19, 2019. Accessed February 27, 2020. MayoClinic.org/healthy-lifestyle/stress-management/in-depth/stress/art-20046037.

Neff, Kristin. "Self-Compassion Publications." Accessed January 16, 2020.Self-Compassion.org/the-research.

Niitsu, Kosuke, Michael J. Rice, Julia F. Houfek, Scott F. Stoltenberg, Kevin A. Kupzyk, and Cecilia R. Barron. "A Systematic Review of Genetic Influence on Psychological Resilience." *Biological Research for Nursing* 21, no. 1 (2019): 61–71.

Pattakos, Alex. *Prisoners of Our Thoughts: Viktor Frankl's Principles for Discovering Meaning in Life and Work. With Foreword by Stephen R. Covey.* San Francisco: Berrett-Koehler, 2008.

Rein, Glen, Mike Atkinson, and Rollin McCraty. "The Physiological and Psychological Effects of Compassion and Anger." *Journal of Advancement in Medicine* 8, no. 2 (1995): 87–105.

Riegel, Barbara, Sandra B. Dunbar, Donna Fitzsimons, Kenneth E. Freedland, Christopher S. Lee, Sandy Middleton, Anna Stromberg, Ercole Vellone, David E. Webber, and Tiny Jaarsma. "Self-Care Research: Where Are We Now? Where Are We Going?" *International Journal of Nursing Studies* (in press). doi.org/10.1016/j.ijnurstu.2019.103402.

Riess, Helen. *The Empathy Effect: Seven Neuroscience-Based Keys for Transforming the Way We Live, Love, Work, and Connect across Differences.* Louisville: Sounds True Publishing, 2018.

Rogers, Carl. *On Becoming a Person: A Therapist's Version of Psychotherapy.* Boston: Houghton Mifflin, 1961.

Ryan, Richard M., and Edward L. Deci. "Self-Determination Theory and the Facilitation of Intrinsic Motivation, Social Development, and Well-Being." *American Psychologist 55,* no. 1 (2000): 68–78.

Sin, Nancy L., and Sonja Lyubomirsky. "Enhancing Well-Being and Alleviating Depressive Symptoms with Positive Psychology Interventions: A Practice-Friendly Meta-Analysis." *Journal of Clinical Psychology* 65, no. 5 (2009): 467–487.

Valtorta, Nicole K., Mona Kanaan, Simon Gilbody, Sara Ronzi, and Barbara Hanratty. "Loneliness and Social Isolation as Risk Factors for Coronary Heart Disease and Stroke: Systematic Review and Meta-Analysis of Longitudinal Observational Studies." Heart 102, no. 13 (2016): 1009–1016.

原來，食物這樣煮才好吃！

食物好吃的關鍵在「科學原理」！

從用油、調味、熱鍋、選食材到保存，
150 個讓菜色更美味、
廚藝更進步的料理科學。

BRYAN LE ◎著

日日抗癌常備便當

抗癌成功的人都這樣吃！

收錄 110 道抗癌菜色，
打造不生病的生活。

濟陽高穗◎著

哈佛醫師的常備抗癌湯

每天喝湯，抗肺炎、病毒最有感！

專攻免疫力、抗癌研究的哈佛醫師，
獨創比藥物更有效的「抗癌湯」！

高橋弘◎著

人生有所謂，決斷無所畏

幫助你不再迷航、改變人生的勇氣之書！

電通集團 CEO 唐心慧分享如何做好決定，
告別糾結人生！

唐心慧◎著

【圖解】35 線上賞屋的買房實戰課

最好看的不動產頻道「35 線上賞屋」首度出書！

房價走勢．看屋心法．議價重點，
43 個購屋技巧大公開！

Ted ◎著

筋膜放鬆修復全書

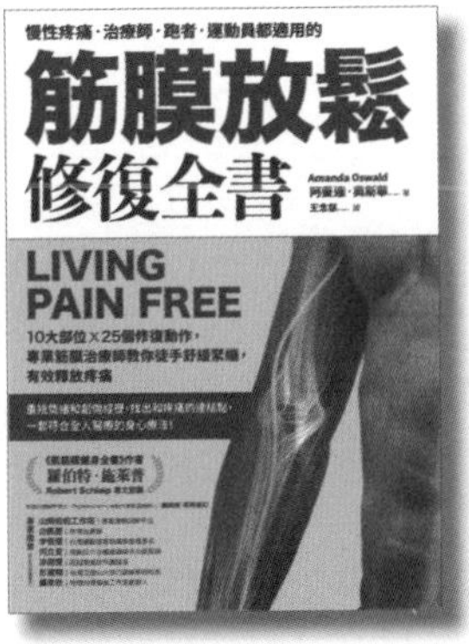

25 個動作，有效緩解你的疼痛！

以「放鬆筋膜」爲基礎，
治療疼痛的必備自助指南。

阿曼達．奧斯華◎著

心靈漫步
哈佛醫師的復原力練習書：運用正念冥想走出壓力、挫折及創傷，穩定情緒的實用指南

2021年9月初版　　定價：新臺幣360元
有著作權・翻印必究
Printed in Taiwan.

著者　Gail Gazelle
插畫　有隻兔子
譯者　王念慈
叢書主編　陳永芬
校對　陳佩伶
內文排版　菓若蒂
美術設計　張巖

出版者　聯經出版事業股份有限公司
地址　新北市汐止區大同路一段369號1樓
叢書主編電話　(02)86925588轉5306
台北聯經書房　台北市新生南路三段94號
電話　(02)23620308
台中分公司　台中市北區崇德路一段198號
暨門市電話　(04)22312023
台中電子信箱　e-mail：linking2@ms42.hinet.net
郵政劃撥帳戶第0100559-3號
郵撥電話　(02)23620308
印刷者　文聯彩色製版印刷有限公司
總經銷　聯合發行股份有限公司
發行所　新北市新店區寶橋路235巷6弄6號2樓
電話　(02)29178022

副總編輯　陳逸華
總編輯　涂豐恩
總經理　陳芝宇
社長　羅國俊
發行人　林載爵

行政院新聞局出版事業登記證局版臺業字第0130號

本書如有缺頁，破損，倒裝請寄回台北聯經書房更換。　ISBN　978-957-08-5969-0 (平裝)
聯經網址：www.linkingbooks.com.tw
電子信箱：linking@udngroup.com

國家圖書館出版品預行編目資料

哈佛醫師的復原力練習書：運用正念冥想走出壓力、挫折及創傷，穩定情緒的實用指南/Gail Gazelle著．有隻兔子插畫．王念慈譯．初版．新北市．聯經．2021年9月．256面．14.8×21公分（心靈漫步）
譯自：Everyday resilience: a practical guide to build inner strength and weather life's challenges
ISBN　978-957-08-5969-0（平裝）

1.情緒管理　2.壓力　3.生活指導

176.52　　110012960